ドイツ文化読本

坂本貴志 著

丸善出版

はじめに

　この本は、立教大学文学部の学生、とりわけ、文学科ドイツ文学専修で学ぶ一年生が、大学ではじめてドイツ語圏の文化について触れる授業で教わることになる内容を、やや詳くしてまとめたものです。大学でドイツ語圏の文化を、ドイツ語を通して学ぶ人にとって前提となるような情報を、図像を交えつつ紹介することを意図していますが、その他にもドイツ語圏の歴史と文化とについて関心を持つ人や、これからドイツ語圏の街を訪問しようと考える人にとって有意義となる情報を紹介したいと思います。文化とはとても広い範囲を指し、また異国の文化について人が求めるものも多様ですが、この本では、文字あるいは造形されたものを通して理解することのできる対象を、文化として浮かび上がらせたいと考えています。そして文化も時代とともに変化するものですから、この本では、古い時代から姿を変えつつ受け継がれてきた文化というものに焦点を当てています。そのため、食や工業製品、スポーツなどもドイツ語圏の文化として多くの人が思い浮かべるものですけれども、この本では扱いません。また、とりわけ人気のある音楽そのものも——授業では紹介するのですが——、文学と関わりのある限りで少しばかり触れるに留めたいと思います。この本では、ゲーテとシラーの文学をドイツ語圏の文化のひとつの華としてとらえて、そこに到るまでの歴史と造形文化との流れと、そして彼らの後のロマン主義の潮流の中でナショナリズムへと舵を取るドイツ語圏の姿とを素描することで、ドイツ語圏の文化の紹介としたいと思います。

二〇二三年十二月

坂本貴志

目　次

第1章　序――「文化」についての基本的な考え方……1
時代区分

第2章　ロマネスク様式・ゴシック様式……7
ロマネスク様式／帝国都市とゴシック／帝国都市ブレーメン――鷲の紋章とローラント像／聖ペトリ教会とブレーメンの市庁舎――ゴシックからルネサンスへ

第3章　ルネサンスⅠ……23
古典的建築物の思想――ウィトルーウィウス／ニュルンベルク／ハンス・ザックス

第4章　ルネサンスⅡ……34
「皇帝と帝国とを前にしてここに立った」――マルティン・ルター／自由七科（自由学芸〈リベラル・アーツ〉）／ルーカス・クラーナハ／「女性的なるもの」／イエズス会――人文主義のもうひとつの流れ／イエズス会の目標――モンマルトルの誓願（一五三九年）／イエズス会成立の時代背景／イエズス会の演劇――学校でのラテン語劇／バローコ／三十年戦争／三部作『ヴァァ

レンシュタイン』の背景及び粗筋

第5章 バロックⅠ …… 60
バロック／バロックの建築／クアドラトゥーラ／ウィーン――皇帝のバロック／王侯の祝祭――レーオポルト一世とマルガリータの結婚／騎馬バレエによる寓意劇『風と水との戦い』／オペラ『黄金の林檎』／高山右近劇

第6章 バロックⅡ …… 86
ドイツ語圏のバロック建築／ヴュルツブルク宮殿の天井画／ドレスデン――聖母教会／アウグスト強王／王子とハプスブルクのお姫様の結婚／ツウィンガー宮殿／バロックの見る文化――芸術品展示室（クンストカンマー）／バロック庭園／バロック文化の特徴

第7章 啓蒙主義Ⅰ …… 106
啓蒙／理性と母語／ドイツ語の文化――オペラと演劇／アントーン・ウルリヒ公のブラウンシュヴァイク／ライプツィヒ――大市と舞台／ノイバー一座――ドイツ語演劇の誕生／ヨーハン・クリストフ・ゴットシェート／レッシング――ドイツ語による「ドイツ」の表現／ベルリンとユダヤ人

第8章　啓蒙主義Ⅱ …… 136
ベルリン――ドイツ語演劇の新しい時代／ドイツ民族劇場――ハンブルクのレッシング／マンハイム／フリードリヒ・シラー／ワイマール――ゲーテとシラー／『ヴァレンシュタイン』の「プロローグ」――ワイマール古典主義／まとめ

第9章　ロマン主義 …… 165
カスパー・ダーフィド・フリードリヒ／ゴシック・リヴァイヴァルと新古典主義／歴史的事件――フランス革命／ドイツ語圏の人々の反応／ユダヤ人の解放――ベルリンにおける一八一二年の布告／幻想の共有――ケルンの大聖堂／ベルリンと新古典主義の建築／まとめ

第10章　おわりに …… 190

現代のドイツと周辺地域 …… 192

索　引 …… 202

第1章　序――「文化」[*1]についての基本的な考え方

ベートーヴェンの第九交響曲は、ベートーヴェンがシラーというドイツの作家の詩に感激して生まれました。シラーの『歓喜に寄せる』という詩は、人間が友愛によって結ばれる感動と喜びを歌にして描いており、その歌がベートーヴェンによって壮大な音楽へと組み上げられました。この第九交響曲のハーモニーは、ＥＵヨーロッパ共同体（独語では Europäische Union）という国家集団の共通の理念として、いわばＥＵの「国歌」のような扱いを受けています。いわば、というのは、『歓喜に寄せる』の歌に合わせて奏でられる交響曲の音楽の部分のみが、ヨーロッパ共同体の共通の音楽的シンボルとして採用されているためです。ヨーロッパ共同体は二〇二四年の時点で二七ヶ国からなり、政治、経済、教育を含めた幅広い分野で協力し合う集団ですから、ドイツ語というひとつの言語で書かれたシラーの詩の持つ音をそのまま各国の共通項とすることはできなかったのでしょう。その代わりに、詩の音から生まれた音楽的ハーモニーが共有されているのです。ドイツ語のシラーの詩から音楽へと翻訳された友愛と調和の理念を、ＥＵはその結合の大きな目標として掲げていることになります。

＊1 「文化」はドイツ語では Kultur といい，ラテン語の名詞 cultura，その動詞形である colo から派生してきた．colo の意味は，耕地を耕す，世話する，植物を育てる，その心配・世話をする，（そこから進んでさらに）大事なものとして敬う，というものである．その元の意義から出発すれば，文化とは，特定の土地に住んでそこで生きるための方法であり，この方法を大事にすること，あるいはこの方法を知る人を尊重すること，と定義づけられる．ドイツ語の歴史は，その古い形が８世紀から跡づけられるので，すくなくとも８世紀からドイツ語圏の文化というものが，ドイツ語に関係する場所に存在していることになる．

音楽とともに、詩とこれを織りなすもととなる言語とは、ひとつの文化をつくる大きな特徴です。ドイツ文化とは、国境線の形に関わらず、ドイツ語と関わる人々の共通項となるものです。ドイツ語は、今日は、ドイツ連邦共和国以外にもオーストリア共和国や、スイス、イタリアの一部、リーヒテンシュタイン公国やルクセンブルク大公国で使用されています。ドイツ文化は、それらの地域に今日も共有されていると考えられますし、ドイツ文化のイメージとしては、ベートーヴェンが活躍したウィーンと今日のオーストリア共和国とが当然のことながら含まれてきます。

一方で、今日ドイツ語が使われる地域だけが、ドイツ文化と関係すると考えることはできません。ベートーヴェンの音楽は、どこで演奏されたとしても、ドイツ文化とは切り離すことができないと思われますし、都市や建築物であっても、今日のドイツ語の話される境界線とは別に、ドイツ文化の面影を濃厚に残しているものもあります。文化は、歴史というものを抜きにしては考えられないものであるからです。例えば、シラーはカントの哲学を大変に勉強して、美というものについての考えを大きく前進させました。そのカントは、今日はカリーニングラードというロシア連邦の街で生涯を送りましたが、この街は、かつてケーニヒスベルクといわれたプロイセン王国の大学都市で、カント以外にもドイツ文学と哲学の分野での偉人を多く輩出しました。

言語によって特徴付けられる文化というものが、歴史に大いに関係するとすれば、今日の文化を歴史との関係の中で眺めるという視点が必要になります。むしろ、ひとつの文化というものは、つねに歴史という補助線を引いてこそよく理解できる、と言うこともできるでしょう。街や都市の姿は文化の最も代表的なものですが、ドイツ文化では、とりわけバロック時代と呼ばれる過去の時代のきらびやかな文化がとりわけ大事にされているように見えます。二百年以上前に成立した過去の文化は、異国の人間ならずとも、ドイツ文化の場所に住んでいる現代の人々にも、その理解のためには解説が必要となるでしょう。

異国の文化として思い描かれるものとしては街や人に関わるものが多く、それらは私たちの目から見て異なるものであるだけに珍しく、興味をかき立てますが、また無理解や差別の感情とも隣合わせています。ドイツ文化は、ベートーヴェンの音楽がそうであるように、美しく憧れの念とともに思い起こされることが多いでしょうか。ドイツ文化を優れたものと素朴に尊重することはしかし、ナチス・ドイツの野蛮へと転落した過去の歴史と照らし合わせるならば、難しいことでしょう。

シラーは、文化を自然に対立するものと考えていました。素朴で子どものようであった人間というものは、考える力を身に付けることで、自然から抜け出てしまった。しかし、学問と芸術の文化を通して、再び、自由な子どものような自然の状態に人間は帰っていくものと考えました。学問と芸術の文化は、自然へと人間が帰っていくための方法、あるいは道具なのであり、それ自身が美化される目標であるとは、シラーは考えていませんでした。その意味ではドイツ文化を含めた文化一般というものも、それぞれの地域と関わりながら歴史的に芽生えてくるものではありますが、人間の未来の世界の中でいつかは捨て去られて行くものであるかもしれません。人間が友愛によって結ばれる調和のイメージを、シラーは『歓喜に寄せる』の中で詩にしたのですが、この詩のイメージがドイツ語ではなく音楽によって表現されるとすれば、ドイツ語という言語の壁がない分だけ人間は理想に近づき、それが国と国とが結び合わされた、ヨーロッパ共同体の今日の姿だと理解することもできるでしょう。

人間を未来の理想へと運んでいくもの、それがシラーのイメージする文化というものであり、これが学問と芸術とによって実現されていくというとき、やはり言語との関わりで、地域的な特性が生まれて、そうした数多くの文化のうちのひとつがドイツ文化であると考えることができるでしょう。文化という言葉のもとには多くの事柄がイメージされますが、この本では、ドイツ語という言語に関わる学問と芸術と、それらの活動した歴史的な場所——つまりは街や都市ということになりますが——というものに焦点をあてて、時代としては中世から、一九世紀のロマン主義の時代までのドイツ文化を眺めていきます。

時代区分[*2]

今日のドイツやヨーロッパに旅をしてみて、最初に目を向けるのは街の姿、建物の様子でしょう。建築物のデザインには時代とともに流行があり、ヨーロッパの街は、そうした建築物がまるで地層のようにそれぞれの製作時代を様式としてとどめつつ、寄り集まって成り立っています。しかもその様式は、ドイツ語圏に特有という訳ではなく、ヨーロッパで広く時代ごとに共有されていました。建築物の様式をみて、それがいつの時代に成立したものであるのかを知るのは、街の歴史を知る上でとても重要なことです。教会や市庁舎、宮殿は、大きな資財が費やされて、何世紀にもわたってその場所に存在してきた建築物です。そうした建築物の持つ様式は、それがそのまま、その成立した時代を言い表す代名詞ともなっています。中世の時代に成立したものを古い順に記してみますと、

ロマネスク様式（一一―一二世紀）[*3]
ゴシック様式（一二―一五世紀）
ルネサンス様式（一五―一六世紀）
バロック様式（一七―一八世紀）
新古典主義様式（一八―一九世紀）

＊2　1694年に新設のハレ大学で古代学と雄弁術を教授したクリストフォルス・ケラリウス（Christophorus Cellarius＝Christoph Martin Keller；1638-1707）は世界史を大きく，「古い」，「中間」，「新しい」時代へと三分割して，16世紀からの「新しい時代」を，ヨーロッパないしはドイツ語圏の人々は生きているという実感を持っていた．ケラリウスが「古い時代」としたのは，自らキリスト教徒になり，ローマ帝国でのキリスト教の布教を許したコンスタンチヌス一世（大帝）の時代までであり，この大帝の時代以後，彼が築いた「コンスタンチノスの都」，すなわちコンスタンチノープルがオスマン帝国の侵略によって陥落した1453年までの時代を「中間の時代」，つまりは今日で言う，「中世」と区分した．ケラリウスのこの歴史区分は名前こそ違えども，今日の世界史の記述にも区分として伝わっているが，その歴史感覚に明瞭に影響を与えているのは，キリスト教の世界史的展開ないしは命運というものである．つまり，旧約聖書と新約聖書の伝える内容が，事実としてローマ帝国によって認められるようになるまでが古い時代であり，ローマ（次頁へ）

というものがあります。これらの建築の様式は、またそれが成立し流行した時代を表す代名詞ともなっています。ただ、様式と時代との重なり合いは、大まかな指標であり、ひとつの時代というものも、ある様式の文化とともに、ある日突然始まって、また終息するものではありません。またその時代を生きた人々にとっては、今日の時代の呼び名は、意識されることのなかったものです。

まずは建築物の様式を順にとりあげて時代ごとの文化の様子を眺めていくことにします。

＊2（承前）帝国がその後，東と西とに別れて，東の帝国が異教徒によって滅亡することになるまでの時代を中間的な時代ととらえ，そして，古い時代にキリスト教が持った往時の勢いを再び活性化させていく，そうした新しい時代に生きている，という意識が，今日で言う，ルネサンスとバロックの時代の人々には兆していた，と言える．Vgl. Christophorus Cellarius: Historia universalis breviter ac perspicue exposita, in antiquam, et mediiaevi ac novam divisa, cum notis perpetuis, Ienae 1702, S.13f.

＊3　ロマネスクよりも前の時代の建築物としては，ギリシア・ローマの遺物がある．かつて北方へと進出したローマ帝国の領地となったために，ドイツ語圏の様々な地域にも，ローマ時代の遺跡が多く存在する．ウィーンやケルンは街そのものがローマ時代に発展し，トリーアにもまたその当時に栄えた街として，「黒い門（ポルタ・ニグラ）」（紀元後 170 年頃に建立）という建築物がある．フランクフルト・アム・マインの大聖堂の脇には，ローマ時代につくられた浴場跡がある．

第2章　ロマネスク様式・ゴシック様式

ロマネスク様式

ロマネスクRomanesqueという語は英語からのものですが、もとはフランス語のromanに由来し、「ローマに派生するもの」という意味で、一一―一二世紀の宗教的建築物を特徴づける用語として一九世紀の初めに登場しました。[*1] その特徴が半円のアーチです。この半円アーチそのものはギリシア・ローマの時代の様式としてすでにありましたが、それが一一世紀から一二世紀にかけてヨーロッパ全体で流行したのには、イスラム文化からの影響もあると考えられています。様々な形にアレンジされて用いられるこの半円アーチがロマネスク様式の特徴となっているので、この半円アーチを手掛かりとして、ロマネスクの時代に造られた宗教建築物を見分けることができます。

ヒルデスハイムにはロマネスク様式の修道院（ザンクト・ミヒャエル、一〇三三年建立）と大聖堂（ほぼ同じ頃成立）とがあり、これらはドイツに残る最も古いロマネスク様式の建築物に属します。アーチと柱とで構成される開口部が特徴的で、これは全体としては形が異なる二つの建築物に共通して用いられるモティーフとなっています。ヒルデスハイム大聖堂＝

＊1　Vgl. M. De Caumont: Essai sur l'architecture religieuse du Moyen âge, principalement en Normandie, Caen 1825.

ヒルデスハイム大聖堂のファサード

司教座教会[*2]の西側正面《ファサード》は一一世紀前半（一〇三〇年前後）に切石で造られましたが、突き出しの入り口部分には半円アーチとそれを支える柱が四層重なっています（図）。また、この入り口部分の上方とその奥の面の上方には、俗に「小びと柱廊」と呼ばれる装飾部分がやはり半円アーチとこれを支える柱とで構成されています。ファサードのいわば表情として、半円アーチが様々にアレンジされているのですが、これによってこの教会建築物がロマネスク様式であり、また一一世紀から一二世紀にかけてつくられた建造物である、ということが知られるのです。

丸いアーチを形成する原理は古くから知られています。扇状の石それぞれが本来垂直方向へと持つ重みは頂点にある要石によって、アーチを形づくる力へと変換されます。これによって壁にアーチ状の開口部を設けることや、また、アーチを三次元的に展開することで天井そのものを、ローマにあるパンテオンのようにドーム状とすることが可能になります。トンネルヴォールトやこれを二つ組み合わせた交差ヴォールトもローマ時代には知られており、これらの方法がロマネスクの教会堂の天井を閉じるのにも用いられています。

ヒルデスハイムにロマネスクの教会が造られたのは、この場所がキリスト教の布教のための重要な拠点となっていたためであり、またこのロマネスク様式の普及そのものが、ドイツという文化的集団の形成と並行しています。というのも、西ローマ帝国を再興し、フランク王国として西ヨー

*2　司教座というのは古くは，異教徒をキリスト教徒に改宗させていくための，そして今日では，カトリック・キリスト教の布教のための一大拠点である．司教という，ひとつの大きな教区の責任者が座る椅子が宗教的権威の象徴であり，この椅子が実際に置かれる教会を司教座教会という．

トンネルヴォールトの例：エフェソスのテラスハウス（2 世紀）

ロッパの広大な領域を治めたカール大帝の息子ルートヴィッヒ敬虔王（七七八—八四〇年）の代に、征服したザクセン人をキリスト教化するための拠点としてこのヒルデスハイムに司教区が置かれました。フランク王国が分裂し、その東側の部分はしかしそのザクセン人が王となり、代々皇帝となって、ボヘミア、ブルグント、イタリアをも合わせて支配しました。それが神聖ローマ帝国の始まりであり、皇帝はキリスト教の守護者としてローマで戴冠したのでした。神聖ローマ帝国を担ったザクセン朝とその後継であるザリエル朝では皇帝が司教や修道院長といった聖職者を任命して統治にあたらせましたが（これを帝国教会政策といいます）、その統治の眼に見える姿がヒルデスハイムや、ライン河畔のシュパイアー、マインツ（一〇八一年の火災の後、ハインリヒ四世により一一〇〇年に再建開始、一一三七年建立）、ヴォルムス（一一三〇—八一年建造、一一二二年のヴォルムス協約*3の舞台）に残るロマネスクの教会堂なのです。これらライン河畔の三つの都市の教会堂は「皇帝の大聖堂《カイザー・ドーム》」と呼ばれ、ドイツのロマネスクを代表する巨大で華麗な建築物です。

　その中でもとりわけシュパイアーの大聖堂はザリエル朝の記念碑的建造物であり、初代コンラート二世によって建造が開始され（一〇二七年）、その次の代のハインリヒ三世の治世に完成し（一〇六一年）、孫にあたるハインリヒ四世によって改築されたものです。ロマネスクの教会堂には地下聖堂《クリュプタ》がつきものですが、シュパイアーのそれは横三五メートル、縦

*3　ザリエル朝の皇帝ハインリヒ五世とローマ教皇カリストゥス二世との間で結ばれた和議であり，叙任権闘争の最終的な解決を意味する．この協約によって，帝国教会政策は終焉を迎え，皇帝は，司教など聖職者の任命を行う権利を失った．

マインツ大聖堂

ヴォルムス大聖堂

四六メートルの十字架形の巨大な空間であり、礼拝堂を兼ねたこの場所は、ザリエル朝四代の皇帝すべてと、その妻たちのうち二人と、さらにはザリエル朝に続く王朝の皇帝、君主とその家族たちの墓所ともなっています。また東西で全長一三四メートルにもなる大聖堂全体はこの様式で最大のものであり、その巨大さは、ザリエル家のハインリヒ四世（一〇五〇―一一〇六年）がローマ教会の代表者である教皇に対して、皇帝として持つ権力を誇示しようとしたその意気込みの現れとみることができるでしょう。そしてこのハインリヒ四世こそが、領域内の聖職者の任命権を巡って、皇帝が教皇に膝を屈することになるという、「カノッサの屈辱」*4の当事者なのです。

シュパイアーの大聖堂は一七世紀に戦禍を被って以来、一八世紀には廃墟となり、シュパイアーの街自体も、一七九二年から一八一四年までの間、フランス革命軍の占領下に置かれました。その後、大聖堂の顔ともいうべき西正面ファサードは一八五〇年代にロマネスク様式を模して再建されました。その意味ではこの大聖堂はオリジナルそのものというよりは、オリジナルの部分を残した、ロマネスク様式の復元だということになります。

こうしたロマネスクの様式が誕生するにあたっては、その背景に帝国教会政策が関わっていたのですが、一方で、この時代には農業の面での画期的な進歩があったことが知られています。耕地を冬畑、夏畑、休閑地とし

シュパイアー大聖堂

＊4　神聖ローマ帝国領内の司教の任命権をめぐって，皇帝と教皇グレゴリウス七世とが争い（「叙任権闘争 Investiturstreit」という），教皇が皇帝を破門したのに対し，皇帝の配下の諸侯が、皇帝への帰順の条件として，破門が解消されるのを皇帝に要求した．1077 年，ハインリヒ四世は真冬にアルプスを越えて北イタリア山中のカノッサ城へと赴き，城の前庭に裸足で立って改悛の情を表して，教皇に慈悲を乞うた．「屈辱」という歴史の用語は日本語での一種の強調表現であり，ドイツ語では Gang nach Canossa, すなわち「カノッサ行き」という言葉で言い表す．その意味は，（不本意ながらも）「お詫びに行く」というものである．

てそれぞれ順番に使い分ける三圃式農法はこのロマネスクの時代に普及し、生産力の上がった結果増えた穀物を挽く風車がヨーロッパでは一二世紀に登場しました。*5 風車は、それよりも前から使われ始めていた水車同様、風の持つ直線的な力を車軸による円運動に変え、この運動の持つ力を歯車を介して利用するものですが、これは蒸気の利用に先立って、ひとびとの生活のあり様を変えた革命的な力でした。そして風車というものが登場する頃に合わせて都市は発展していき、市壁によって囲まれるようになります。

帝国都市とゴシック

次に、建築のゴシック様式は概ね一二世紀から一五世紀にかけてやはりヨーロッパ全体で流行した様式です。概ねというのは、一九世紀になってその流行が復活し、中世に建設途中で放棄されていたケルンの大聖堂などは、ゴシック様式のリヴァイヴァルの頃にその完成をみたからです。いわゆるゴシック・リヴァイヴァルという、一九世紀ロマン主義の時代におけるゴシック様式の新たな流行があるのですが、それは後の章で説明することとして、ここではロマネスクの次の時代に流行したその特徴を眺めてみましょう。

窓の形は上の部分が半円ではなく、尖塔形になっており、また窓の内側にも同じような尖塔形の窓が、入れ子状に複数組み込まれています。ゴ

*5 坂井洲二：水車・風車・機関車―機械文明発生の歴史．法政大学出版局 2006 年，82 頁参照．

シック建築物のデザインの基本的な特徴は、尖塔形のアーチをモティーフとして持つことであり、これは同時にゴシックの教会堂の構造の持つ本質を表しています。というのも、ゴシックの教会堂を成り立たせている建築の原理が、尖塔形のアーチの骨組みであるからです。組石によって肋骨《リブ》のような骨組が柱として構成され、そして二つのリヴが交差させられて、尖頭型のアーチが交差リブ・ヴォールト*6となってできあがります。この骨が構造物を支える基本的な要素として存在することがゴシック建築では重要なのです。そして交差リブ・ヴォールトが側壁に跨ることで生ずる横に押す力を「飛び控え《フライング・バットレス》」*7によってより外側にある側壁へと逃がし安定させるという点が、ゴシック建築物の構成原理となっています。尖塔形のアーチはデザインであるとともにまた交差リブ・ヴォールトを構成する構造的原理なのです。ロマネスク期の教会堂が構造として自立できていたのは、基本的には、角柱形の切り石によって構成される壁そのものが持つ厚みとその重さのためであり、分厚い壁が自立することにより、全体が構造としての形を持つことができるというのが、ロマネスクの教会堂が自立する理由でした。開口部はアーチとしてその上側にかかる重力を逃すことができ、トンネル蒼穹《ヴォールト》で天井、あるいは地下聖堂《クリプタ》を覆う場合でも、構造物そのものが持つ重さによって、構造物は空間の中で造形されています。このようにロマネスクの教会堂が壁の厚みによって内部は暗く静寂の中に自立していたとすれば、ゴシックの教会堂は、尖塔形のアーチによって壁を薄く高

＊6　ドイツ語では，Kreuzrippen

＊7　ドイツ語では，Strebebogen

ゴシック建築の例：シュトラースブルク大聖堂（側面）

く、かつステンドグラスとなる開口部として持つことができ、そのために内部が明るくなり、軽やかに自立するということが可能となったのです。ロマネスクからゴシック様式への変更の背景には、じつに建物を立ち上げるための組石による骨格の構築という、根本的な発想の転換があったということが理解されます。

ゴシック教会の建築は、一二世紀にフランスのサン・ドニで始まり、次いでイギリスに伝わり、ドイツでも一三世紀中頃から広まり始めました。ゴシックのもともとの語義は「ゴート人の」というものであり、この言葉を建築様式に最初に当てはめてみせた、イタリア・ルネサンス期の芸術批評家ジョルジョ・ヴァザーリ（一五一一―七四年）は、この「ゴート人の様式」*8、すなわちゴシックを、ルネサンスが古代に発見することになる均整の美を欠いた様式と見ていました。ヴァザーリがアルプスより北側の文化を一種侮蔑的に見たのには、一五二七年の神聖ローマ皇帝軍によるローマの破壊と略奪とが大きな影を落としているからでしょう。ローマ劫掠によって、古代ローマの名残は徹底的に破壊され、これによってルネサンスの文化も終わりを迎えたとされます。

ゴシック様式は、教会や修道院といった聖なる建築物だけではなく、市庁舎や豪奢な邸宅といった世俗の建築物にもヨーロッパで広く見られます。ゴシック様式の教会堂がドイツ語圏に誕生した頃は、また同時に都市というものが大きく発展した時代でもあります。ドイツ語圏の都市はゴ

*8　Vgl. Giorgio Vasari: Le vite de' piu eccellenti pittori, scultori, et architettori, Fiorenza 1568, S. 26.

ゴシック建築の例：ハルバーシュタット大聖堂（13-15 世紀建設）

シックの時代までに布教と交易の拠点として成長しますが、経済力を背景に支配者に対して自治権を獲得するようになります。都市の自治権とは、主として、死刑を含む処罰の権利である裁判権、市を開く権利として理解されます。領域の支配者である司教に対してこのような権利を持つ都市を自由都市（Freie Stadt）、また、領邦君主に対して自立し、皇帝に直属する形をとるものを帝国都市（Reichsstadt）といいます。帝国都市は皇帝に税を納め、皇帝の招集する軍に参加する義務を負いますが、それ以外は都市としての自由と特権とを享受することができました。

ゴシック時代の帝国都市としての特権のひとつに市壁の建造が数えられます。ネルトリンゲンでは帝国都市となると同時に市壁の建設を始めていますし、次に列挙する都市もおおむね一三世紀に都市をとりまく市壁を持つようになりました。市壁は塔と門とを併せ持って、防衛のための備えとし、また夜間の出入りも禁じられました。市壁は都市が富を蓄積していること、自治のための防衛力を持つことを意味します。都市名と市壁の建設された年、また帝国都市として承認された年について、それらの承認者である皇帝の名とともに順に列挙すると、

・ネルトリンゲン　一二一五年　同年帝国都市（フリードリヒ二世）
・ブレーメン　一二二九年、一一八六年帝国都市（バルバロッサ）、現市庁舎建設一四〇五―一四一〇年

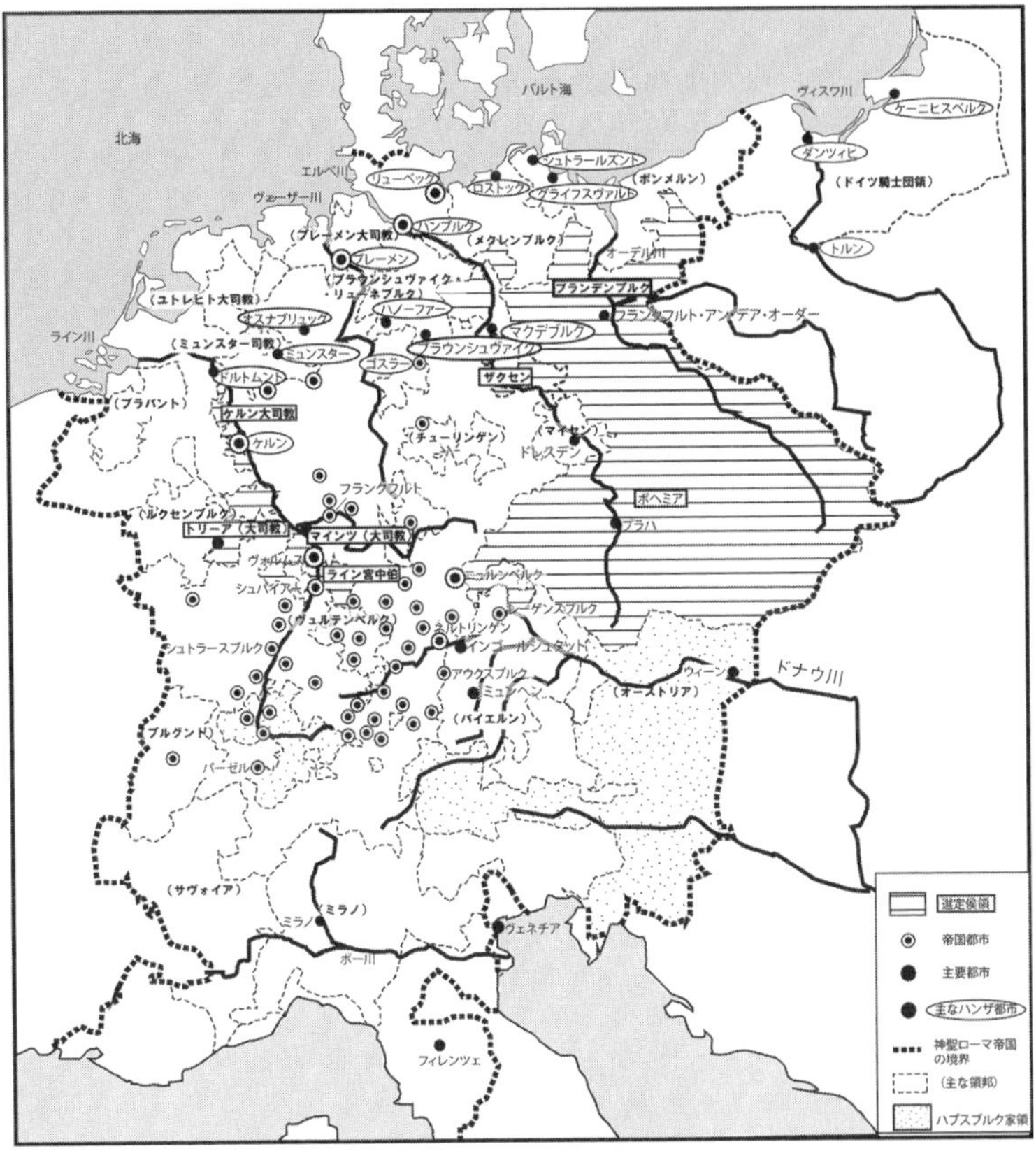

1400年代の神聖ローマ帝国

・リューベック一二二六年帝国都市（フリードリヒ二世）
・ハンブルク一二四〇年、一一八九年バルバロッサによって交易権を与えられる。一五一〇年帝国都市
・ニュルンベルク　一三世紀、一二一九年帝国都市（フリードリヒ二世）
・マインツ　一二四四年（フリードリヒ二世）、一四六二年帝国都市
・ヴォルムス　一一八四年帝国都市（バルバロッサ）
・シュパイアー　一一一一年自治の承認（ハインリヒ五世）、一一八二年バルバロッサによる追認

帝国都市としての承認は、ゴシックの時代、とりわけシュタウフェン朝のときの政策として顕著です。ロマネスクの時代には帝国教会政策の中で皇帝は司教を自ら任命し、領邦の支配を行ったのでしたが、叙任権闘争をへて皇帝が司教を任命する実質的な権力を失って以降は、都市を直属とすることが、帝国の体制を強固とするためのひとつの方策であったと理解されます。[*9]

ロマネスクの時代に大聖堂を持つことになったシュパイアー、マインツ、ヴォルムスの各都市は、かつては司教の力が強かったのですが、ゴシックの時代にはそれぞれ都市としての特権を享受するようになりまし

*9　エルンスト・H・カントーロヴィチ（小林公訳）：皇帝フリードリヒ二世，中央公論社 2014 年，115 頁参照.

た。またこれと並行して、都市にはハンザ都市に属しているものがあり、ハンザ都市とは、バルト海と北海における貿易と航行とを円滑に行うための協力関係にある都市のことをいい、その起源を、一二世紀に誕生した、西部及び北部ドイツの商人たちによる一種の組合にもっています。鉄、鉛、銅、銀などの鉱物、塩、バター、蜂蜜、ビール、ワイン、穀物などの食品、琥珀、毛皮、布、ガラス、蝋《ろう》など、生活物資が海と河川をつかって輸送され、都市間で取引されました。最盛期の一四世紀には二百の都市がハンザ都市となりましたが、大航海時代以降は、交易の中心がアジアとヨーロッパ間に移行したために衰退しました。そのため多くの都市がゴシックの時代までに経済的な繁栄を得て、その後には徐々に自治権を失っていきました。帝国都市であったマインツも一四六二年以降には再び大司教の支配下に置かれました。

帝国都市ブレーメン——鷲の紋章とローラント像

ローマやパリ、ロンドン、ベルリンのような大都市を別とすれば、ヨーロッパのおのおのの都市には古い時代から発展してきた都市の輪郭というものが今日も残っています。というのもかつての都市は市壁によって囲まれ、市壁は濠や河といった要害によってさらに守られていましたから、その名残は街のそこかしこに観察されるからです。日本のお城と比較してみればその外観は想像しやすいでしょう。ただし、日本の城を囲う堀の内側

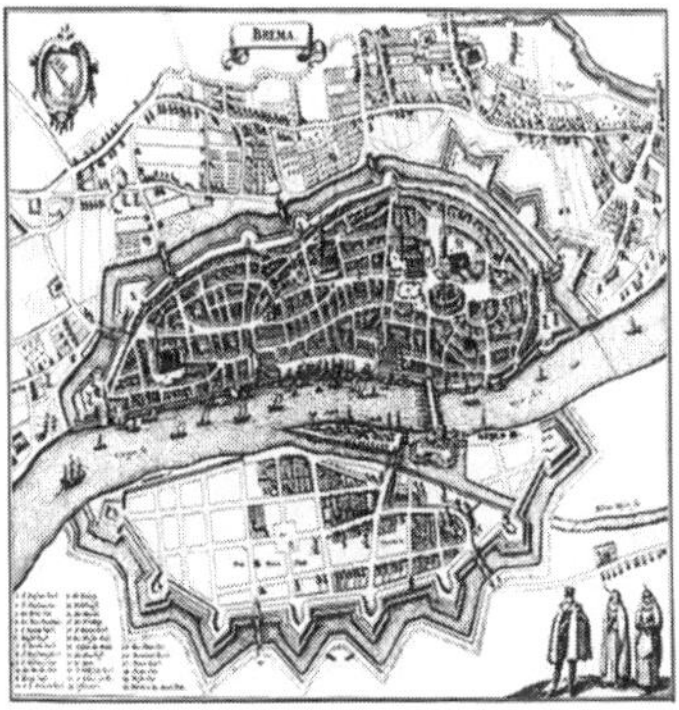

星型堡塁が確認できる1641年のブレーメン
（マッテーウス・メーリアン，1641年）

は支配階級の活動する領域であったのに対し、ヨーロッパの市壁の中はそのような特権階級の排他的領域ではありません。商業、手工業に従事する人々、市長や役人といった都市を運営する人々、場合によって学者と学生たちが都市の顔でもあり、彼らが活動する場所でもありました。

ヨーロッパの街に鉄道でたどり着くと、たいていの場合、ターミナル駅はその街のはずれ、ないしは郊外に位置しています。かつて（場合によっては今も）壁と濠によって囲われた街の中心へと直接入っていく駅を作ることは、街自体を破壊することになりますから、だから駅は郊外にあるのです。そこからは歩くなり、バスやトラムに乗るなりして、古い都市（Altstadt）の中心部へと向かうことができるでしょう。というのも、ドイツ語圏の都市には必ずと言ってよいほどに、市が立つ広場（＝Marktplatz）があります。そこが古い都市の中心であり、その広場には噴水があり、さらに教会と市庁舎とがつきものです。

帝国都市の例として、音楽隊の童話で有名なブレーメンをとりあげてみると、ブレーメンもご多分にもれず駅は郊外にあることがわかります。駅から Altstadt の方角を指す標識の方向へ進んでいくと橋にさしかかり、その橋の両側には整然とした濠が両側に伸びて、濠は市壁によってせき止められています。この市壁は鋭角の三角形に尖っていますが、こうした形は星型堡塁といってルネサンス期に考案され、三十年戦争の時代に都市の防御力を高めるために多くの都市で採用されました。最初の市壁は一二二九

ブレーメンの聖ペトリ大聖堂

年に建設が始まりましたが、このように後にまた改造されたことになります。

通りを抜けて、音楽隊の像があるところが市庁舎であり、市庁舎（Rathaus）は司教座教会聖ペトリとともに、ブレーメンの、かつても今も中心となる広場を囲んでいます。市庁舎のファサードは壮麗であり、また聖ペトリ教会のファサードは荘厳でもあります。

聖ペトリ教会とブレーメンの市庁舎――ゴシックからルネサンスへ

ブレーメンでは古くから商業が営まれていましたが、八世紀には司教座教会が置かれ、キリスト教布教のためのひとつの拠点となりました。九世紀にハンブルクの大司教座へと融合される形でハンブルク＝ブレーメン大司教座となり、何度かの火災での焼失ののち、一一世紀の中頃、ザリエル朝の時代にこの聖ペトリ大聖堂はロマネスク様式で建設が開始されました。最初に地下聖堂が完成し、その後も建設が続けられていくうちにゴシックの時代を迎えて建築様式も変更が加えられ、一三世紀中頃までに交差リヴ・ヴォールトによって天井が覆われました。そうした様式の変遷はそのまま大聖堂の顔ともいうべきファサードにも刻まれており、下部はロマネスク、上に行くに従って、ゴシック様式となっています。

ゴシック様式への変更は、ゲルハルト二世（一一九〇―一二五八年）という、リッペ家出身の司教の時代に行われました。ゲルハルトは一二一九

ブレーメン市庁舎のファサード

年に大司教に就任するとすぐにブレーメンが商取引の命綱とするヴェーザー川の下流に関所を設けて関税を徴収しようとしたので、船で商品を運び込むブレーメンの人たちは大変な迷惑を被りました[*10]。大司教座を統括する地位がハンブルクからブレーメンに移行した一二二四年には、すでに朽ちかかっていた大聖堂の再建が教皇ホノリウス三世によって許可されます。一二四六年にゲルハルトは、一一八六年にバルバロッサことフリードリヒ一世によって承認された都市ブレーメンの特権を取り消し、裁判権を取りあげています。面白いことに、ゲルハルトが大司教座となった大聖堂を最新流行のゴシックで豪壮に完成させていくのに並行して、都市ブレーメンは一二二九年から市壁の建造を始めています。帝国都市の自治とこれを再び支配下に治めようとする大司教の権力とがせめぎ合うその姿が、都市の市壁とそしてゴシックの聖堂として現れ、それが今日にまで姿をとどめていると見ることができます。

その後ブレーメンはハンザ都市として、通商の安全をはじめ、共通の経済的関心を他の都市と共有し、政治的にも力を蓄えていきます。ハンザ都市としての繁栄の証は都市の顔ともいうべき市庁舎の建築様式に現れており、今日市場広場《マルクトプラッツ》に残る市庁舎は、一四〇五年から五年かけてゴシック様式で建てられ、さらにファサードが一七世紀初頭（一六〇八年）にルネサンス様式に改められています。この市庁舎は実は二代目で、初代は今日とは別の場所にゲルハルト大司教との闘争の時代にロマネスク様式で建てら

＊10　ビール，バター，チーズ，家畜，毛皮などが主な運搬物だった．ブレーメンの人たちは増水時に巨大な船をその関所めがけて突入させて，これを破壊したという．Vgl. Johann Krüger: Bilder aus der Geschichte Bremens, in zusammenhängender Folge dargestellt, nebst einer kurzen, geographischen Beschreibung des bremischen Staates. Bremen 1885, S.41.

れ、裁判所としても活躍しました。二代目の市庁舎は市場広場の大聖堂の隣に立つことによって、みずからの自由な立場をより明確に主張しています。

帝国都市としての自由と誇りとを象徴するのが、やはり市場広場の市庁舎の前に、大聖堂に向かって立つ巨大なローラント像です。この像は神聖ローマ帝国の始祖に位置づけられる皇帝カール大帝を守護する伝説の騎士ローラント Roland*11 にちなみます。皇帝の守護者という地位は、皇帝以外の何者によっても支配を受けない誇り高い自由と独立とを意味しており、都市は自らを騎士ローラントになぞらえることによって、これをシンボルとして都市としての自由と独立とを誇示しているのです。像は双頭の鷲の紋章と剣をたずさえています。双頭の鷲の紋章は神聖ローマ皇帝のワッペンであり、この紋章によって、この騎士ローラント＝ブレーメンが帝国に直属する存在であることがわかります。

五・四七メートルもの高さのローラント像は、これも二代目で、二代目市庁舎の建設にあわせて一四〇五年に再建されたものです。初代木造の像は一四世紀半ばにつくられていましたが、大司教側の兵士たちによって倒されて燃やされてしまいました。今度は燃やされないようにと、二代目は石灰岩からつくられています。

自由と独立の象徴としてのローラント像は、北ドイツの他の諸都市でもお目にかかることができます。ブランデンブルク・アン・デア・ハーフェ

ブレーメンのローラント像

＊11　Roland はフランス語ではロランと読み，イタリア語で対応するのはオルランド Orlando．11 世紀成立の古フランス語叙事詩『ロランの歌』，16 世紀初頭アリオストによる『狂えるオルランド』など，ローラントにまつわる様々な文学作品がある．

ル、シュテンダル、ハルバーシュタット、クヴェートリンブルクなど、いずれも帝国都市ではありませんが、ハンザ都市ではあり、領邦君主からの独立の気概がローラント像に込められていると理解することができます。
ブレーメンは三十年戦争後、スウェーデンの統治下におかれ、一七二〇年からはハノーファー選帝侯の支配となりました。帝国都市の自治の自由はバロックの時代に失われたことになります。

第3章　ルネサンスI

ゴシックの次の時代、一四世紀に始まるルネサンス[*1]とは文芸による古代復興であり、人文主義《フマニスムス》を根本に持ちます。人文主義とは古典研究、つまりはギリシア語やラテン語、ヘブライ語で書かれた文献の研究であり[*2]、この研究の興隆が、そもそもの発生地であるイタリアにおけるルネサンスという運動の根本にあると考えられます。人文主義の研究成果が芸術・技術はもちろん、社会制度の改善など様々な分野に波及し、ヨーロッパ全体へと伝わりました。そして人文主義はドイツでは宗教改革という実を結びました。

古典的建築物の思想——ウィトルーウィウス

まず建築物との関わりでルネサンスを見てみると、この時代に非常に熱心に研究されたのは、紀元前一世紀のローマの建築家ウィトルーウィウスであり、この人が、ヨーロッパの建築学の基礎を作ったとされます。ウィトルーウィウスの理想とする建築は、各部分が、その総和である全体の姿に比例的に照応する、つまりは、部分と全体とは互いに同じプロポーションをもっている、というものでした。部分が全体の模造となっている、あ

＊1　ルネサンスという語そのものは19世紀フランスの歴史家ジュール・ミシュレ（1798-1874）が歴史学の用語として使用したのに始まり，スイスのヤーコプ・ブルクハルトの『イタリア・ルネサンスの文化』（1860）によって定着したとされる．

＊2　ペーテル・ヘルデ：イタリア人文主義，［叢書］ヒストリー・オヴ・アイディアズ3，クレーフェ『ルネサンスと人文主義』所収，平凡社1987年，163頁参照．

るいは全体は部分に等しいとするこのような考え方を万物照応といいます。そしてこの理想の姿を現しているのが人間の体であると見ていました。このような考え方に影響を受けた、イギリス・ルネサンス期の博物学者ロバート・フラッド（一五七四―一六三七年）は、次頁の図のように人間の頭と四肢とがちょうど正五角形の各頂点をつくるようなプロポーションを描いています。正五角形は辺の様々な比が黄金比と関係しているので[*3]、人間の体のプロポーションもそれに関係して美しいというのです[*4]。ウィトルーウィウスは以下のように、神の家の建築物、すなわち神殿もまた、人間の体が持つプロポーションを再現したものでなければならないとしています。

神殿の構成はシュムメトリアから定まる。この理法を建築家は十分注意深く身に付けなければならぬ。これはギリシア語でアナロギアといわれる比例から得られる。比例とは、あらゆる建物において肢体および全体が一定部分の度に従うことで、これからシュムメトリアの理法が生まれる。実に、シュムメトリアまたは比例を除外しては、すなわち容姿の立派な人間に似るように各肢体が正確に割付けられているのでなければ、いかなる神殿も構成の手段をもちえない[*5]。

世俗一般の建築物はさておき、神殿は、古代ローマの建築の思想にもと

*3　正五角形では，対角線同士は互いを黄金比に分割し，また一辺と対角線とのそれぞれの長さの比も黄金比となる．

*4　宇宙は，正五角形を十二枚分立体的に貼り合わせた，正十二面体の形をしているとプラトンは考えた。人間が正五角形を描くのであれば，それは宇宙全体の形の縮図ということになる．イタリアの一ユーロ硬貨の裏面のデザインはダヴィンチの描いた人間像だが、そのプロポーションもフラッドの図と同様に、このウィトルーウィウスの考えに沿ったものである．

*5　（森田慶一訳注）ウィトルーウィウス建築書，東海大学出版会 2004 年，69 頁参照．

づければ、人間のプロポーションを持つことが理想となります。このようなウィトルーウィウスの考えに基づければ、ギリシア・ローマ時代の建築物の理想はプロポーションの美しさにあり、その美しさとは、全体と部分とが互いに同じ比の関係にあるところから生ずることになります。アテネのアクロポリスに建つパルテノン神殿は女神アテネを祀るために紀元前五世紀に作られたものですが、やはりプロポーションという点でローマ人ウィトルーウィウスのお手本となったものでしょう(図)。こうしたプロポーションの持つ美しさを、柱と梁と、半円のアーチとの組み合わせに見るならば、それが古典主義として理解される建築物のおおよその本質だと言って良いでしょう。あたかも切り出してきたかのような、幾何学的な形——それは円、三角形、球、立方体と様々ですが——均整のとれた形でもって空間を秩序づけ、構成することが、古典古代の建築の特徴と言えるでしょう。何もないだだっ広い空間——奥行きの感ぜられない漠然とした空間は、古典的人間の感性の嫌うところです。言葉を変えるならば、美しいプロポーションを空間ないしは平面に与えること、そこに古典的建築物の本質が在ると考えられます。そうした古典的建築物は調和と安定を持ち、そして何よりも単純に美しいものです。

　建築の場合も、ルネサンス様式の発祥の地はイタリアです。図はフィレンツェにあるサンタ・マリア・ノヴェッラ教会で、ドメニコ会によって一三五七年までにゴシック様式でつくられましたが、ファサードをレオン・

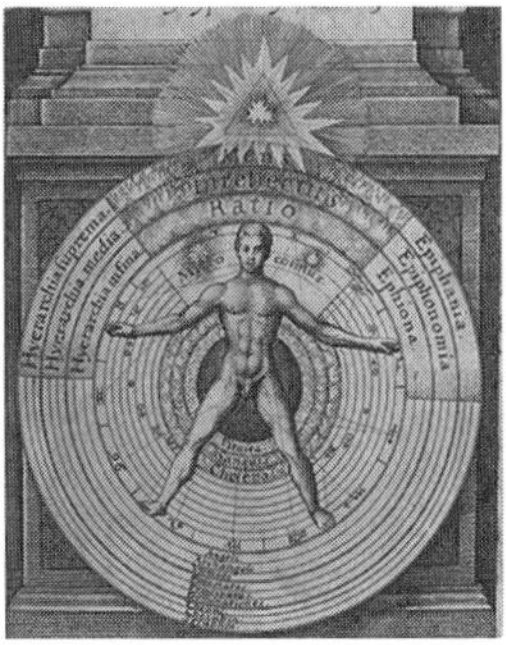

ウィトルーウィウス的プロポーション［Robert Fludd: Tomus secundus de supernaturali, naturali, praeternaturali et contranaturali microcosmi historia, Oppenhemii. 1619］

パルテノン神殿

バッティスタ・アルベルティ（一四〇四―一四七二年）が設計して一四七〇年に完成しました。このファサードにルネサンス様式の特徴が最もよく現れています。ファサード全体が正四角形に収まり、高さはばら窓下のライン（エンタブラチュア上部）[*6]で二等分されます。二等分された下部は真ん中で分割されると正四角形となり、また同じ正四角形は、上部中央に位置する神殿が破風を含めて収まる形でもあります。ばら窓を中心として、この幅で上部神殿は横に一：二：一に分割され、ばら窓の半分の大きさの太陽を囲む円が最上部に位置して、これが破風の高さを決定しています。ばら窓の幅は下部の神殿構図を分割して、再び正四角形が下部にも二つ現れるようにしています。[*7]このようにファサード全体は部分の各所と相互に比例関係にあることがわかりますが、その核心は正四角形が全体を決定し、またばら窓の円もその内接円であるという点にあります。

ルネサンス様式の建築物は、ブルネレスキ（一三七七―一四四六年）によるフィレンツェの大聖堂のクーポラ、アルベルティ（一四〇四―七二年）による聖アンドレア聖堂（サンタンドレア教会）というような、この様式を代表するものがイタリアでなら思い浮かびますが、ドイツのルネサンス様式の建築物としては、ブレーメンの市庁舎がその代表例のひとつです。建物下部には柱廊が見て取れますが、半円アーチが左から、四、三、四と並んで全幅をなし、中央にはそのアーチ三つ分の横幅の上に、全体でやや横長となる四角形が六つのガラス窓によって形作られ、これにちょう

＊6　エンタブラチュア＝古典建築において円柱によって支えられる水平な部位.

＊7　ルドルフ・ウィットコウワー（中森義宗訳）：ヒューマニズム建築の源流，彰国社 1977 年，83 頁参照.

サンタ・マリア・ノヴェッラ教会
（フィレンツェ，1470 年）

ど内接する三角形が破風としてその上に冠のようにのっています。正面ファサードは全体と部分とが相互に均整を保っているのですから、これは立派なルネサンス建築物です。一五九五年から一六一三年にかけて行われた改築の結果、市庁舎のファサードはゴシック様式から変更されて、このようなルネサンス様式となったのでした。

互いに比例関係にある三角形と四角形との組み合わせをこのようにルネサンス建築の特徴とみてとるならば、ルネサンスの建築物はドイツ語圏の各所に見出すことができます。ブラウンシュヴァイクにあるかつての織物商人組合《ギルド》の商館の東側ファサードは、一五九〇年から九一年にかけて建設され、第二次大戦後に再建されたものですが、これも柱廊部分にのっている三層からなる四角形の部分に、その上の四層からなる三角形の破風部分は内接するので、ファサード全体が均整を持たされています。あるいはここでも、全体は部分と、部分は全体と比例関係にある、と言うことができるでしょう。このプロポーションをもとにすれば、ハノーファーにある、ライプニッツが晩年に住んだ家もルネサンス様式であることが理解されます。一七世紀バロックの時代を代表する知性であり、微積分学の創始者として知られるゴットフリート・ライプニッツ（一六四六―一七一六年）は一六九八年から死の年までこの家に住みましたが、この建物は一四九九年に建設され、一六四八年から五二年にかけて当時の所有者が正面ファサードをルネサンス様式に改めさせたのでした（ただし、この建物も第二次大

聖アンドレア聖堂（マントヴァ，1472 年）

ブラウンシュヴァイクの旧織物商人組合（ギルド）の商館

戦中に破壊され戦後に再建されました）。イタリアのルネサンス建築の壮大さと比べると、ドイツのものはややこぢんまりとした印象を与えるでしょうか。とはいえ、アルベルティの聖アンドレア聖堂（二七頁）と比較すれば、ドイツ語圏のルネサンス建築との間にある関連性、影響関係は明確です。イタリアとドイツという枠をとってしまえば、そこには全体と部分との照応というルネサンスの精神が建築物の流行となってヨーロッパに広く行き渡っていたことが理解されます。

ニュルンベルク

さて、絵画の分野に目を移すと、イタリアに学んだアルブレヒト・デューラー（一四七一―一五二八年）がドイツ語圏のルネサンス文化の代表として浮かび上がります。デューラーが生まれ、活動したのは帝国都市ニュルンベルクです。デューラーの当時、ニュルンベルクは帝国都市として空前の活況を呈していました。人口二万以上を数えた都市には、市の行政に携わる人々の他に、商人たちと職人たち[*8]が活動し、職人の仕事には、靴屋、パン屋、仕立屋、鍛冶屋、金細工師、亜麻織り工、刃物師の他に[*9]、またこの時代のニュルンベルクに代表されるように印刷業もありました。デューラーは金細工師の家に生まれ、親の許しを得て、版画および絵画の職人になるための修行を積みました。版画業は印刷業であり、彼の工房を支えるための収入を生む、重要な仕事となりました[*10]。

ライプニッツの家（ハノーファー）

ルネサンスの時代のニュルンベルクは経済力を背景に都市として自立し、またこれを基盤として各方面の芸術の興隆を見たのですが、市政の運営の担い手にもルネサンスの影響が見て取れます。市政の最高の意志決定に関わることができたのは限られた門閥の人々だけでしたが、その出身であったヴィリバルト・ピルクハイマー（一四七〇―一五三〇年）は、一八の歳からイタリアのパドゥアとパヴィアの大学に学び、その後市政に参加する傍ら、プトレマイオスの『地理学』を筆頭に、多くの古典作品をドイツ語あるいはラテン語に翻訳した人文主義者《フマニスト》でした。ピルクハイマーは古典的教養を身に付けた上で、ニュルンベルクの外交および軍事顧問となり、また皇帝マクシミリアンの顧問も務めました。ピルクハイマーはその古典的教養によってデューラーの画のテーマ選択と理論形成とに決定的な影響を与え、さらにデューラーの二度目の二年間にわたるイタリア留学の資金援助を行ったとされます。このようにデューラーのルネサンス画の背景にも、イタリアから伝わった人文主義があるのです。

ハンス・ザックス

ワーグナーの『ニュルンベルクのマイスター・ジンガー Die Meister-singer von Nürnberg』（一八六八年）で知られるハンス・ザックスも一四九四年、この町に仕立屋の息子として生まれました。ザックスは七歳から八年間ラテン語学校に通い、ラテン・ギリシア語のほか、文法、修辞学、

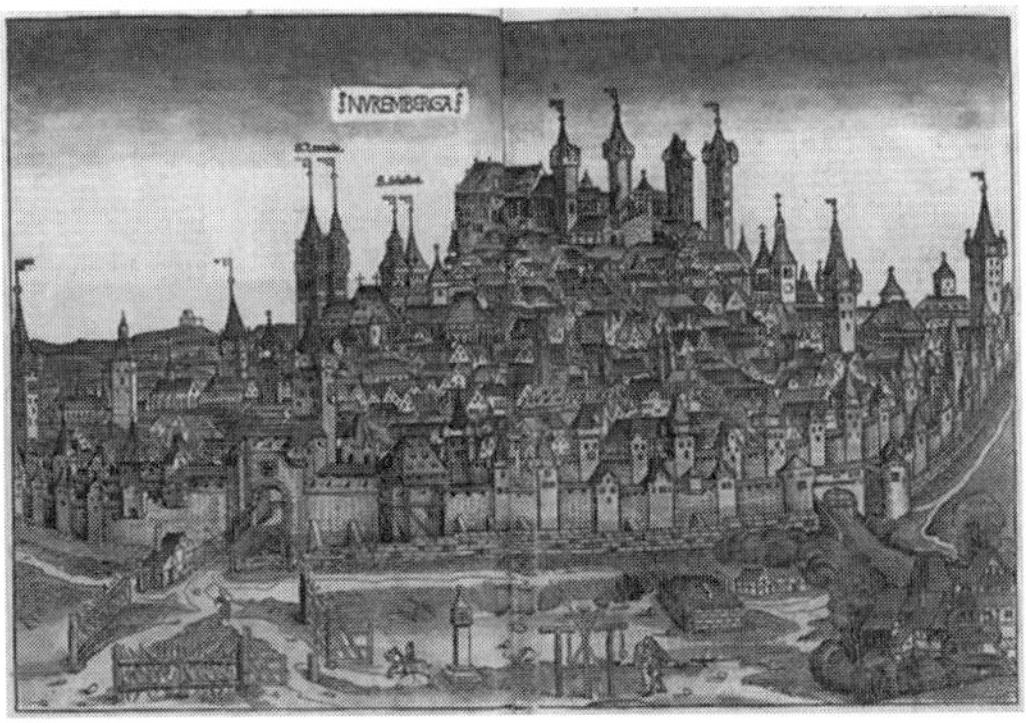

1493年のニュルンベルク（ハルトマン・シェーデル『世界年代記』挿より）

論理学、音楽、算術、天文学、詩学、哲学を学びました。これはザックスが人文主義の影響下にあったことを示しています。一五歳で亜麻折りの親方兼職匠歌の親方の元で徒弟となって二年間修行を行い、さらにその後当時の習慣に従って五年間に渡り遍歴を行ってから、靴職人の親方《マイスター》となりました。この生業の傍ら職匠歌人《マイスタージンガー》の親方となって六千編以上の膨大な量の職匠歌、詩、喜劇・悲劇、謝肉祭劇八五篇を残しました。謝肉祭《カーニヴァル》（肉を謝絶するの謂、ドイツ語では Fastnacht, Fasching）とは四旬節が始まる前に数日間行われる祭りであり、春の満月に続く第一日曜日に祝われます。謝肉祭劇は、一四三〇年頃のニュルンベルクで始まった、謝肉祭にあわせて演ぜられた素人芝居であり、哄笑を誘うために、主として職人徒弟たちによって居酒屋で演ぜられました。[*11] ザックスの謝肉祭劇を見てみましょう。

ハンス・ザックスの『熱い鉄』（台詞二五四行）一五五一年一一月一六日執筆

粗筋

　百姓の女房が結婚後四年経って、亭主に愛想が尽きたといって、代母（洗礼の際名付け親となって生涯その人の母としての役割を行う人）に相談をする。浮気でもしているのでは、との悩みに対し、代母はそれでは熱した鉄を持たせて神明裁判にかけたらいいという。神明裁判とは、日本に

デューラーによるピルクハイマーの肖像（木炭画, 1503 年）

も古来伝わる、盟神探湯《くがだち》と呼ばれるものと原理的に同じであり、嘘をついていれば熱いものに触れて火傷をする、潔白であれば火傷をしない、として神によって裁きを受けるというものである。

さて、浮気を疑われて身に覚えのない夫は、裁きにかけられて無理矢理に火に熱して灼熱した鉄を握らされる。が、一計を案じて袖口に木切れを忍ばせ、それを手品のように使って鉄を握って運んでみせる。虎口を脱した夫が、今度は妻の貞操を試そうとする。

夫：では鉄のところへいって、そいつをつかんでごらん。
妻：どうか、愛するあなた、
　私の罪を告白します。
　ある時私らの司祭と
　ひそかに間違いを犯してしまいました。
　どうか許して、あなた、
　鉄で火傷などさせないで。
夫：そ、それは、許せない、
　お前の方が不貞を働いていたなんて！
　さっさと鉄をつかむんだ、さあ、
　坊主のことは大目に見る。
妻：愛するあなた、もうひとつお願いが。

＊8［p.28］　職人は，ドイツ語ではHandwerker（手工業職人）といい，徒弟制によって男性のみ育成がなされた．徒弟Lehrjungeは親方Meisterの工房に賄い付きで住み込んで基本的な仕事を覚え，試験を受けて職人Geselleとなる．職人はさらに試験に合格すると，数年間にわたって放浪の旅に出ることになり，その過程で各地の同業者たちと知り合って技術を磨き，知見を豊かにした．旅を終えて後，親方としての試験を受けて合格することで初めて自分の工房を持つことができ，また同業者の組合に所属した．職人の放浪の旅はWalzといって，今日もわずかに伝統として残っている．親方の数は16世紀中頃のニュルンベルクでは5000人を数えた．

＊9［p.28］　藤代幸一：ヴィッテンベルクの小夜啼鳥―ザックス，デューラーと歩く宗教改革，八坂書房2006年，210頁参照．

私が正直だと信じて、
それでもう二人だけ、その人たちと
私が浮気をしたのを大目に見てほしいの。[*12]

妻に対する審問はさらに続き、妻は、へそくりとさらに四人の男との関係を告白させられる。それでも鉄を運ばされて火傷をする。この場面の手前、代母に運ぶのを代わってもらおうとしたが、代母もかつて浮気をしたことがあるから火傷をするのはご免だという。最後には代母がとりなして、葡萄酒で乾杯と話を切りかえる。芝居を締めくくるのは代母の次の言葉。

（妻にむかって）あんた、よかったねえ！
一緒に我が家まで来てもらって、
楽しくやろうじゃないの。
あんたらの昔のことは水に流し、
それから新しく結婚式といこうじゃないの。
熱い鉄で将来また面倒などが起きませぬよう、
と願うのは、ハンス・ザックス。[*13]

この芝居では女房の浮気の相手として司祭が罪を真っ先に犯しており、

＊10［p.28］ Vgl. Johann Konrad Eberlein: Dürer, Reinbek bei Hamburg 2003, S.31.

＊11［p.30］ 藤本淳雄他：ドイツ文学史，東京大学出版会 1990 年，32 頁以下参照.

＊12 Hans Sachs: Das heiße Eisen. In: Hans Sachs' ausgewählte dramatische Werke. Sprachlich erneuert, mit Einleitung und Anmerkungen versehen von Karl Pannier, Leipzig 1880, S.127.

＊13 Ebd., S.130.

それが笑いの対象となっています。司祭が無垢の存在であるという通念があれば、そもそもおかしみを醸す役として登場することなどないはずです。芝居の中で司祭の姦通は笑い飛ばされますが、裏を返せば、それほどまでに司祭は堕落しており、これが普通のイメージであったということになります。

謝肉祭劇は、一年のサイクルの中で、つらい労働の日々から解放される楽しいお祭りの中のイベントでした。またこうした劇を通して、人間関係が新たに更新されるのを促したとみることができます。笑いは、日々の葛藤の解消へと向けられ、その解消が人々にあらたな生の活力を祭りの中でもたらしたと考えられます。ただし、この笑いにはもうひとつ、堕落してはならないはずの存在である聖職者にも向けられており、その点で、この笑いは、宗教の制度そのものの更新を求める新たな力――プロテスタントの――と歩調をともにしています。宗教改革の折にニュルンベルクは都市を挙げてプロテスタントに転向しますが、ハンス・ザックスもこの宗旨を支持したのでした。

ピーテル・ブリューゲル『謝肉祭と四旬節の喧嘩』（1559年）

ミヒャエル・オステンドルファーによるハンス・ザックスの肖像（銅版画，1545年）

第4章　ルネサンスⅡ

「皇帝と帝国とを前にしてここに立った」――マルティン・ルター

人文主義はドイツでは宗教改革という実を結んだのが、このルネサンスの時代のドイツ語圏の文化を特徴付ける最も大きな出来事です。人文主義の根幹にある古典研究がマルティン・ルター（一四八三―一五四六年）のすべての活動を支えており、ルター自身もヘブライ語（旧約聖書の原語）とギリシア語（新約聖書の原語）の語学修養の重要性を明確に述べています。[*1]

私たちが抱くルターのイメージとして最も有名であるのは、一五一七年、ヴィッテンベルクの城内教会の正門扉にラテン語による九十五箇条の提題を掲げて、教皇による贖宥の有効性について疑義を呈したことでしょう。当時創立から間もないヴィッテンベルク大学の教授であったルターが九十五箇条の提題を教会の扉にハンマーで打ち付けた、という余りにも有名なエピソードの真偽は、実は今日の研究によれば、必ずしも定かではないということになっています。[*2] しかし、お金を払って魂の救いを得ることができるという、贖宥状などよりも大きな問題であるとしてルターが告発したのは、教皇が持つ叙任権という制度そのものであり、これを筆頭として教会法の運用がほとんどすべて金銭と権益の委譲とを伴うという、行き

ルーカス・クラーナハ（父）によるルターの肖像（1528年）

＊1 「さて，福音が我々にとって好ましいものであれば，それだけ熱心に我々はその言語を守ろう．けだし神がその聖書を，旧約はヘブライ語，新約はギリシャ語という二つの言語でのみ記さしめ給うたのは，無意味なことではない．神がこれらの言語を軽んぜず，彼の言葉のために他のあらゆる言語よりもこれらを選び給うたとすれば，我々も他のあらゆる言語以上にこれらの言語を尊敬すべきである．」マルティン・ルター（吉村善夫訳）：ドイツ全都市の市参事會員に對する勸告，『現世の主権について』所収，岩波文庫 2014 年，168 頁以下参照．

過ぎた拝金主義でした。[*3] ロマネスクの時代に行われていた帝国教会政策は、「カノッサの屈辱」によって象徴されるように、皇帝が叙任権を失うという形に終わったのでしたが、それから四百年が経ち、ハンザ都市の例に見るように商業が発達したゴシックの次の時代では、聖職者たちもまた貨幣の前に膝を屈していたのです。

一五一七年、ヴィッテンベルクの大学教授ルターによる九十五箇条の提題は、この地の教区監督者も兼ねていたマインツ大司教アルブレヒト・フォン・ブランデンブルク（一四九〇―一五四五年、図）宛てに書簡で送られました。[*4] ホーエンツォレルン家出身のアルブレヒト・フォン・ブランデンブルクは辺境伯から司教職に転じてマクデブルクとハルバーシュタットの司教となった後、一五一四年さらにマインツ選帝侯＝大司教（これは大司教の筆頭として同時に神聖ローマ帝国の首相を兼ねるものでした）の地位を欲して、アウクスブルクの銀行家ヤーコプ・フッガーに借財をして教皇に二万グルデン（今日の通貨換算で約二四億円ほど）の献金を行ってその地位を得ました。しかし、その金額では足らず、彼の所領での贖宥状の販売を願い出て、売り上げの半分を総本山であるサン・ピエトロ大聖堂の新築費用に充てるという条件でマインツ大司教への就任が認められたのでした。[*5]

贖宥状を否定するにあたり、ルターは次のように考えました。「キリスト者は信仰だけで充分であり、義とされるのにいかなる行いをも要しな

デューラー（左 1519 年）、クラーナハ（右 1520 年）：アルブレヒト・フォン・ブランデンブルク

＊2　松浦純：十字架と薔薇，岩波書店 1994 年，8 頁以下参照．

＊3　マルティン・ルター（成瀬治訳）：キリスト教界の改善について―ドイツ国民のキリスト教貴族に与う，（次頁）

い」、と。[*6] その後、ルターの批判はより鋭くなり、多額の上納金の見返りとして司教職が教皇によって任命されるというその制度にこそ向けられ、叙任権を教皇から、皇帝を始め神聖ローマ帝国の諸侯の側に取り戻すという提案をも行いました。[*7] ルターはドイツ人による神聖ローマ帝国というものを明確に意識して、これをアンティクリストである教皇（図）とローマによる搾取から切り離し、ドイツ人による支配・運営という、一種の民族主義的なキリスト教による帝国の経営政策を打ち出しました。その提案はキリスト教社会の改革案であり、修道院の廃止や巡礼の禁止、利子の禁止、香辛料の取引制限、大学の改革、自由な公会議の開催、司祭の妻帯を許す等、多岐に渡ります。[*8] ルターはこうした批判と提案とを、当時流行のメディアであった印刷物によって展開し、一五二〇年には教皇による破門を受けて、翌一五二一年、ついにヴォルムスで開かれた帝国会議に審問のため召喚されることになりました。

ヴォルムスで帝国会議が開かれた場所は、ロマネスクの紹介の際に触れたあの大聖堂に隣接した場所とされ、そのことを告げるために大聖堂の外側壁面には今日プレートが打ち込まれており、この場所が、ローマ時代の神殿、『ニーベルンゲンの歌』[*9] に歌われた王城、カール大帝の居城、ヴォルムス大司教の宮廷があった場所と記されています。そして最後の行にひときわ目立つ形で、「マルティン・ルターが皇帝と帝国とを前にしてここに立った」と書かれています。ルターの召喚に先立つおよそ百年前にもプラ

ルーカス・クラーナハ『キリストの受難とアンティクリスト』(1521)より

＊3　（承前）世界の名著 18 ルター所収，中央公論社 1969 年，108 頁以下参照．

＊4　松浦純：前掲書，4 頁以下参照．

＊5　アルブレヒトの甥ヨーアヒム二世はブランデンブルク選帝侯として領内にルター派を導入し，その曾孫にあたるヨーハン・ジギスムントはルター派からカルヴァン派に改宗した．彼らホーエンツォレルン家の支配するブランデンブルク選帝侯領およびプロイセン公国は以後、宗教的に寛容な文化を持った．

ハの大学教授であったヤン・フス（一三七〇年頃―一四一五年）が、教会の土地所有と贖宥状とを同じように批判して破門され、コンスタンツの公会議に召喚されて異端の宣告を受けて処刑されています。帝国会議という違いはあれ、そこに参加したのは皇帝カール五世を筆頭に選帝侯とこれを兼ねた大司教たちであり、ルターにも逮捕と処刑との危険が全くなかった訳ではないので、「皇帝と帝国とを前にしてここに立った」ルターは命をかけて途方もなく大きな権力と対峙したことになります。ルターが屹立することができた背景には聖書と原語によるその読解とがあったのですから、人文主義という学問がルターの信念と勇気とをここで支えていると見ることができます。というのも、充分な学問教育を受けた一人のローマ人には、司教を筆頭としてルターの時代の聖職者たちすべてが束になっても叶わないとルター自身が考えていました。[10] 古典文献の素養を復古的に身に付けた人間こそはまさしくルネサンスの人であり、だからこそルターは皇帝と帝国とを前に立つことができたことになります。

自由七科（＝自由学芸《リベラル・アーツ》）

必要な学問教育としてルターが考えていたのが自由七科であり、これは三学四科[11]からなる、古代末期にはすでに成立していた科目群であり、古代では自由人にふさわしい教養として、また一三世紀以降の中世の大学の中では、神学、法学、医学を修めるための前提となる学問となっていまし

*6　マルティン・ルター（石原謙訳）：キリスト者の自由，岩波文庫 1998年，21頁参照．また，教会は人間の霊魂に対していかなる権力も有せず，天国か地獄かのいずれへも行かせる力を有しない，とルターは考えた．マルティン・ルター（吉村善夫訳）：現世の主権について，岩波文庫 2014年，53頁参照．

ヴォルムス大聖堂に据えられているプレート．
一番下にマルティン・ルターの文字が見える

た。ドイツ語圏の最初の大学は一三四七年プラハに教皇による認可を得て設立され、この大学から分岐する形で一四〇九年にザクセン選帝侯領の都市ライプツィヒにも大学が誕生しています。[*12][*13] エアフルトの大学に学んだルターは自由七科とギリシア語・ヘブライ語学習の有用性を説き、ドイツの諸都市の市参事会にむけて学校および図書館の設立を呼びかけていますが、[*14]ルターの改革運動そのものは、ザクセン選帝侯の庇護を受けていました。

ザクセン選帝侯フリードリヒ三世（＝賢侯、一四六三―一五二五年）はヴォルムスの帝国会議の後のルターをテューリンゲンにあるヴァルトブルク城に匿い、そこにルターは約十ヶ月間隠れて新約聖書のドイツ語訳を完成させます。フリードリヒ賢侯が一五〇二年にヴィッテンベルク大学を設立したのは、賢侯の先代の時の一四八五年に宗家であるヴェッティン家がエルネスト系（選帝侯位を保持し、ヴィッテンベルクが宮廷）とアルベルト系（ザクセン公位を保持し、ドレスデンが宮廷）とに分裂して領土も分割され、分家のアルベルト系に所属したライプツィヒ大学に対抗するためでしたが、ルターを論理学とアリストテレスの哲学教授として、またその朋友となるメランヒトン（一四九七―一五六〇年）をギリシア語教授として招聘したのは、聖遺物の収集家でもあった賢侯が一方で人文主義を推進する明確な意図をもっていたことによります。人文主義がドイツにおいてルターの宗教改革となる、その推進機関がドイツのルネサンス期の大学で

＊7　ルター：キリスト教界の改善について―ドイツ国民のキリスト教貴族に与う，116 頁以下参照.

＊8　同上，参照.

＊9　1200 年頃に中高ドイツ語で成立した英雄叙事詩．英雄ジークフリートの死とその妻クリームヒルトによる復讐を歌う.

＊10　ルター：ドイツ全都市の市参事會員に對する勸告．164 頁参照.

＊11　三学は言語に関わる，文法（grammatica），修辞学（rhetorica），論理学（dialectica），四科は数に関わる，算術（arithmetica），幾何学（geometrica），音楽（musica/　（次頁）

あり、これはエルネスト系ヴェッティン家の伝統としてさらに展開されます。賢侯の孫ヨーハン・フリードリヒ（一五〇三―一五五四年）はシュマルカルデン戦争（一五四六―四七年）[*15]に敗れた後、所領としてのヴィッテンベルクを失い、ワイマールを都に定めますが、その隣町の所領であるイェーナにあらためて大学を設置する計画をたて、一五五八年に彼の息子達によって皇帝による認可のもとそれが実現しました。これによってイェーナ大学はルター派の牧師を養成することができるようになりました。イェーナ大学は、後にゲーテがその運営に参加することになり、シラー、フィヒテ、シェリング、そしてヘーゲルが招かれ、学問と文芸の都として栄えるに到ります。エルネスト系ヴェッティン家は大学をつくり、ルターとその宗教改革を庇護して、ルネサンス期とその後のドイツの文化を長く牽引することになります。

ルーカス・クラーナハ

フリードリヒ賢侯の代からのエルネスト系ヴェッティン家がドイツのルネサンス文化の推進者であったことは、その宮廷が抱えたひとりの画家によってもよく分かります。ルーカス・クラーナハ（父、一四七二―一五五三年）はエルネスト系ヴェッティン家のお抱えの画家として、賢侯からヨーハン・フリードリヒまでの三代のザクセン選帝侯に仕えました。主にヴィッテンベルクで活躍したクラーナハは、デューラーと並んでドイツの

＊11　（承前）harmonia），天文学（astronomia）からなる．

＊12　中世の大学は，学部組織とは別に，出身地域別の団《ナーチオー》を組合の組織として持っており，これに学生と教員とが所属していた．プラハ大学の場合，神学，法学，医学，哲学の四学部の他に，ボヘミア，バイエルン，ポーランド，ザクセンをそれぞれ出身とする団が存在した．大学の運営方法を巡ってボヘミア人とドイツ人とが対立し，ボヘミアの人フスが学長になると，ザクセンを同郷とするドイツ人の教師と学生からなる団約千名はライプツィヒに移動した．

＊13　これに先んじてドイツ語圏では，ウィーン（1365年，ハプスブルク家領），ハイデルベルク（1386年，プファルツ選帝侯領），エアフルト（1392年，マインツ大司教領），ケルン（1388年，帝国都市ケルン領）に大学が設立されている．

ルネサンス時代を代表する画家です。そしてルターの肖像画を非常に多く手掛けて、ルターが教皇をアンティクリストとして告発する際には、援護射撃となる木版画を流布させたのもこのクラーナハでした。クラーナハはまた、末娘の名付け親にルターがなるほどに、ルターの最も信頼する友人でもありました。

この時代の宮廷というものはどこでも画家を雇っていましたが、宮廷画家は、今日から想像するのとは異なって画だけを描くのが仕事ではありませんでした。クラーナハは宮廷人の衣装、カーニヴァルのマスクと装束をデザインし、祝祭用の会場を装飾するほか、城の設計および設備に関する検討と助言、記念メダルに領内で流通する硬貨のデザインから、家屋や柵、橇の色塗り、果ては、ポット、燭台、砂時計、ケーキの型、壁掛け、織物の日用品に至るまで、デザインに関わる多種多様な仕事を、いわば総合芸術・工芸プロデューサーとしてこなしました。[*16] 無論、クラーナハは工房の親方として、息子達[*17]を含めて多くの徒弟を抱えた他に、他の親方達とも協力関係にあって、このような多くの仕事を行うことができました。また、クラーナハはヴィッテンベルクの一等地である市場広場に居を得てこれに続く地所と家とを順次獲得して、宮廷首相に次ぐ街一番の資産家となり、また後にはヴィッテンベルクの市長をも務めました。クラーナハは、宮廷画家としての仕事の他にも、薬局の運営権を得て利益を上げ、ワインや嗜好品をふくむ生活用品の販売も手がけた上にさらに書籍業も営み、ル

*14　ルター：ドイツ全都市の市参事會員に對する勸告.

*15　カトリック側の皇帝カール五世が，ザクセン選帝侯とヘッセン方伯とを首魁とする，プロテスタント側のシュマルカルデン同盟を討伐するために行われた．アルベルト系のモーリッツ・ザクセン公が，選帝侯位を得る約束で皇帝側に寝返ったことにより，シュマルカルデン同盟側が敗れた．

*16　Vgl. Berthold Hinz: Lucas Cranach d. Ä., Hamburg 1993, S.18f.

*17　ボローニャで客死した長男ハンス（1513-37）と同名のルーカス・クラーナハ（子，1515-86）は父の様式と同じ画を残した．

ター訳聖書の印刷出版（一五二二年）[*18]によって莫大な富を得ました。

ルターの親友であったクラーナハですが、面白いことに、ルターが告発したアルブレヒト・フォン・ブランデンブルクとも密接な取引関係を結び、多くの肖像画を描いています。またクラーナハは夫妻の肖像画を描き、聖職者が妻帯すべきであるというルターの思想をそのまま描き出す一方で、プロテスタントが拒否する聖母像をこの上なく魅力的に描きました。図の三角形の構図に収まる聖母子像は、ラファエロの影響が濃厚ですけれども、ヨーハン・ゲオルク選帝侯からハプスブルク家のレーオポルト五世（一五八六—一六三二年）に贈られて後インスブルックの聖ヤコブ教会に安置され、ルターが厳に戒めたはずの巡礼の目標にさえなりました。

「女性的なるもの」

クラーナハの画の特徴は、女性を描くという点にもあります。肖像画はむろん、聖母、聖女、旧約および新約に描かれる女性たち、ギリシア・ローマ神話の女神たち、さらにはアレゴリー[*19]としての女性像を描いています。とりわけイヴとウェヌスとローマ時代伝説の女性であるルクレーティアを描いて、非常に多くの裸婦の画を残しています。図に見るように、とりわけ晩年にあたる一五三〇年以降の裸婦像はクラーナハ独自の特徴を備えています。四肢のバランスが解剖学的な骨格から意図的に逸脱していること、細く華奢な胴は異常に長い手脚をもち、後ろ脚がふくらはぎを見せ

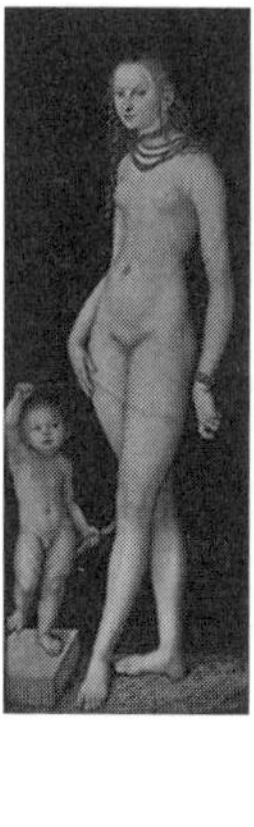

『ウェヌスとアモール』（1530年頃）

『首を抱くイエスと聖母子』（1537年）

るように不可能な形でポーズを取っていること、白く大きな額を持った頭が小さなで肩の上のあらぬ場所に位置していること、帽子を含めた装身具を裸体に付け、必ず透明のヴェールを纏っていること、というように。裸婦像は、デューラーが規範として定めたような、古典的な美しいプロポーションを持っているのでは全くなく、個々の部位がそれぞれフェティシズム的に魅力を放つ形で描かれ、それらが組み合わされた結果の全身像が現実離れした妖しさを漂わせています。こうした神話的テーマの裸婦像は、選帝侯により外交の手段として男性の君主に贈り物とされたとも記録に残っています。[*20]

　クラーナハが仕えた三代目のザクセン選帝侯、ヨーハン・フリードリヒの妃となったのは、ジビュッレ・フォン・クレーフェ（一五一二―五四年）で、彼女はかつて神聖ローマ帝国の西方下ラインおよびヴェストファーレン地方を治めて一大勢力を誇ったマルク伯の長女でした。[*21]ジビュッレは一四歳のときに婚約して翌年から終生を侯とともにします。クラーナハは婚約の年の一五二六年にジビュッレを描いており、これはクラーナハの傑作のひとつに数えられます（図）。当時の女性の未婚の習わしとして髪をまとめずに肩から下へと流し、結婚を前にした処女の証としての花冠を頭に戴き、花冠にはさらに鳥の羽をさしていることから、この画が婚約中のときのジビュッレの姿を描いたものだと知ることができます。やや外側にせり上がった鼻腔、薄い上唇と端正に結ばれた下唇、小さくも明確な輪郭

『ジビュッレ・フォン・クレーフェ』（1526年）

＊18　9月に出版された初版のいわゆる『九月聖書』約5000部はたちまちにして売り切れ，1534年に旧約聖書の訳を含めた完本が出版されるまでに17刷りを数えた．一冊の価格は約一グルデン，当時の職人の月収の半額に相当する約12万円であった．

＊19　抽象的な概念を約束で取り決められた属性《アトリブート》とともに具象化して描くことをいう．とりわけ属性を持たされた女性の姿で表されるが，クラーナハはこうしたアレゴリー像を裸体の女性で表現した．例:カーリタース（愛，慈善，隣人愛の意のラテン語）像

を持つ顎、薄い眉毛、アーモンド型で一重の眼。この彼女の特徴的な容貌はひとつの型となって、クラーナハ工房で制作される神話的テーマの婦人画にも採用され、時にユーディットとして、ときに裸体のウェヌスとして、表情と観られる角度とを様々に変えながら、その後に数多く登場します。

クラーナハが描いたジビュッレ像の決定的な影響は、現代にも届いています。ピカソは一九四九年に集中的にクラーナハに着想を得てウェヌスやバテシバ[*22]を描いていますが、なかでも『クラーナハに着想を得た若い女性』の画の女性が、鳥の羽をさした花冠を頭に戴いていることから、それが婚約時のジビュッレ像からピカソが着想を得たことは明らかです。ピカソ描く「ジビュッレ」が、クラーナハ得意の透明ヴェールを身に纏っていることから、ピカソもまたクラーナハのジビュッレと彼の描く神話的女性像、とりわけウェヌスとが互いに重なりあうものであるのを認識していたと見ることができるでしょう。

クラーナハはジビュッレの容貌に自らの理想とする神話的女性像を投影したのか、それともジビュッレの容貌がクラーナハの神話的女性像の理想を完成するのを助けたのかは定かではありません。確かであるのは、ピカソも感じたように、ジビュッレと神話的な女性像たちとを通して、クラーナハの理想とする女性像というものが浮かび上がるということであり、それはゲーテの『ファウスト』からの表現を借りるならば「永遠に女性的な

ピカソ『クラーナハに着想を得た若い女性』(1949年)

＊20　Vgl. Hinz: a.a.o., S.94.

＊21　クレーフェの城は「白鳥城 Schwanenburg」といい，ワーグナーの『ローエングリン』の題材ともなった「白鳥の騎士」の伝説とつながる．

＊22　入浴の姿をダヴィデに見られて，その後その妻となりソロモンを生んだ，旧約の中の人物．バテシバとそれを見るダヴィデというのは，西洋絵画で好まれた題材である．

るもの」の表現であったということができるでしょう。

そのゲーテは、ジビュッレとヨーハン・フリードリヒとが新しく都としたワイマールの宮廷に二百年後に宮廷詩人兼参与として招かれますが、ゲーテ自身は母方（テクストール家）を通してクラーナハの直系の9代目の子孫にあたります。*23「永遠に女性的なるもの」は、ゲーテの先祖であるクラーナハが描いた「ジビュッレ」を通しても表現されているのかもしれません。

イエズス会――人文主義のもうひとつの流れ

人文主義がルターの活動の土台であると説明しましたが、人文主義は、プロテスタントに対抗するもうひとつの宗教的な勢力、対宗教改革の流れをもつくり出しました。それがイエズス会であり、ルネサンスの次の時代のヨーロッパの文化に広く影響を与えたイエズス会の性格を、その創始者であるイグナシオ・デ・ロヨラ（一四九一――一五五六年）に遡って眺めておきたいと思います。

イグナシオはバスク地方のロヨラの城に一三人兄弟の末っ子として生まれました。自叙伝『ある巡礼者の物語』によれば、イグナシオは最初、軍人として名声を獲得しようとする強い願望を抱きました。バスク地方の都市パンプローナが、強大なフランス軍に包囲された時、他のすべての騎士が降伏を得策だと思っていたところ、イグナシオは防衛戦を訴えて、城主

*23 Vgl. Berthold Hinz: Lucas Cranach d. Ä., Reinbek bei Hamburg 1993, S.136.

イグナシオ・デ・ロヨラの肖像画

を説得しました。しかし、戦闘のさなか敵の砲弾が命中して、彼の足を粉々に砕き、防衛側は最終的に降伏し城は陥落しました。イグナシオは傷を治すための大変な手術を何回も受けて、それに耐え、癒えるまでに寝台で過ごしていた時期に騎士物語を好んで読書の対象に選びましたが、他に『キリストの生涯』と、一冊の聖人伝を読んだことが彼の生涯を決定づけました（一五二一年のこの頃、イグナシオは三〇歳）。

ある夜、イグナシオは目覚めていたときに、幼子イエスを抱いた聖母が示現するのをはっきりと見ました。この後彼は、「自分の罪の償いよりは、むしろ、神の気に入ること、喜んでいただけることを目ざして、偉大な苦行をなそうと固く決心しました」[*24]。決意の後、イグナシオは故郷を去り、従僕を捨て、托鉢をしながら無一文で聖地エルサレムを目指して旅をします。バルセローナからジェノヴァへの船旅、ヴェネチアへ、そしてヴェネチアからキプロスへ、キプロスからヤッファ、そしてエルサレムへという旅にあって、自らの病気、困窮、暴力、ペストの流行という様々な苦行に出会いながら、彼は「神に抱いている希望以外に生命維持のためのものを持っていなかった」[*25]といいます。イグナシオの述懐によれば、彼は旅の途中でイエスその人に出会い、苦難の折にはイエスに見守られてエルサレムについに到達します。イグナシオの希望は聖地に留まり、「霊魂たちを助ける」[*26]ことでしたが、この言葉から想像するに、イスラム教徒を改心させるような企図を抱いていたと考えられます。滞在はしかし管区長の命令に

＊24　イグナシオ・デ・ロヨラ（門脇佳吉訳）：ある巡礼者の物語，岩波文庫，39頁．

＊25　同上，103頁以下．

＊26　同上，105頁．

よって拒まれ、彼は他の巡礼者たちとともに苦難の帰路につき、二か月半かかって、途中暴風雨で生命の危険に遭遇しつつもヴェネチアへとたどり着きます。彼の新しい決心は、「霊魂を援助するため[*27]」勉学を行うことであり（一五二四年のこの頃、彼は三三歳）、バルセローナ（一五二五）、アルカラ（一五二六）、そしてパリ（一五二八）で学び、一五三五年に哲学の博士号を得ました。パリではフランシスコ・サビエル[*28]（一五〇六—一五五二年）と知り合い、彼の心を捉えたのは一五三三年、イグナシオ四一歳の時でした。

イエズス会の目標——モンマルトルの誓願（一五三九年）

「この頃、すべての同志が集まって、これから何をなすべきかを熟慮し、決定した。つまり、ヴェネチアへ行き、そしてエルサレムに留まる許可を得ることができないならば、ローマに帰り、キリストの代理者である教皇に謁見し、より大いなる神の栄光と霊魂の利益のためになると判断されたところへ、自分たちを遣わしてくださるように願うことに決定した[*29]。」

イエズス会はこのようにして会として成立し、一五四〇年に教皇パウルス三世によって修道会として正式に認可されました。翌年四月一九日、イグナシオはイエズス会（最初は定員が定められて、六〇名）の初代総長となり、またこれに先立つ同年四月七日、サビエル一行はリスボンからインドに向けて出航しています。イエズス会の会憲が起草され（公布は一五五五

＊27　同上，114 頁．

＊28　サビエル Xavier は，現代スペイン語では Javier．ハビエルと読み，彼もまたバスク出身であり，領主貴族の家系で、5 人兄弟の末子であった．

＊29　ロヨラ：ある巡礼者の物語，175 頁以下．

二年）、修道会としての形が整えられていくのに並行して、アジアにおけるサビエルの布教活動は展開されました。一五四九年、インド管区が設立され、初代管区長にサビエルが就けられますが、彼にその知らせが届く前に、サビエルは八月一五日に鹿児島に到着しました。サビエルは鹿児島、平戸、山口、堺を経て京都に至り一一日間滞在したのち、平戸、山口を経て、一五五一年豊後からインドに向かいました。翌年サビエルは、マカオに近い上川島にて没しました。一五五二年にイエズス会は、イタリア、ポルトガル、スペイン、ドイツ、フランス、ブラジル、インド・アジアの各地に合計九八〇人の会員を数えるまでに発展しました。一五五六年、イグナシオはローマにて没します。

イエズス会成立の時代背景

イグナシオが回心をしたその四年前の一五一七年は、アウグスティノ修道会士マルティン・ルター（一四八三—一五四六年）が「九十五箇条の提題」をヴィッテンベルク城付属の教会の扉に打ち付けたとされる年で、すでに見たとおり、ルターは聖職者の位階制度をはじめ、聖書のなかに根拠の見出されない、教会での慣習を批判し、この時期はカトリックの教会権威に疑問が投げかけられていました。同じ頃一五一九年八月一〇日、マゼラン（一四八〇—一五二一年）はスペインのセビリアを出発して南西に進路をとり、二〇年に南米南端に到達しました。マゼランは航海の途中の二

フランシスコ・ザビエルの肖像

一年に没しましたが、彼が率いた艦隊は、二二年九月六日スペインへ帰還して、史上初の世界周航をやり遂げました。世界周航は、単に冒険として壮大だったのではなく、地球のイメージを一新するほどセンセーショナルなものでした。なぜならば、長い間地球は平らであると想像され、平らの下側に、上側に足を向けるような人々であるアンティポデース Antipodes、すなわち対蹠人など存在しないと考えられていたからでした。マゼランが地球は球形であるとの信念に基づいて、大航海に乗り出すという壮挙が行われていた、そうしたまさに世界観の革命の時代に、イグナシオの回心もまた並行して起こったと考えられます。

イエズス会の活動方針の根本には会の設立の経緯から異教徒の改宗に主眼が置かれていることになりますが、この異教徒としては新しくヨーロッパ世界によって見出された南米とインド・アジアの人々とが対象となっているのです。一方でイエズス会による改宗のための武器となったのが、イグナシオも得た人文主義的素養であり、この素養を身につけることをイエズス会は会士の教育に当たって最も重視し、そのための学校を自ら作り出しました。

教育の機会が均等ではなく、そのあり方も内容も、各地の支配者の裁量に委ねられていた時代に、イエズス会は画期的なプログラムをしかも無償で用意しました。生徒は、ラテン語の文法を学び、中世以来の学問である修辞学（弁論術）を学び、ラテン語の知識の涵養に努めました。これに加えてアリストテレスの論理学、自然学、形而上学を学び、さらにその上で、トマス・アクイナスと教父のテクストを通して神学を修養しました。[*30] 古典語であるラテン語を学習し、哲学と神学を修めたのですが、この場合の哲学は幅広く、数学、天文学を含みます。学校の設置場所として名高いのはローマと、バイエルンのインゴールシュタット（一四七二年設立）であり、インゴールシュタット大学はイエズス会士ペトルス・カニシウス（一五二一―九七年）によって反宗教改革の拠点となりました。また、ヴュルツブルク大学なども含めてカトリック地域の多くの大学は、イエズス会の影響下におさまることになりました。

イエズス会の演劇――学校でのラテン語劇

ラテン語能力の涵養のため、イエズス会の学校ではラテン語による対話劇が生徒達によって公開で演ぜられました。生徒達は、教師達が作成したラテン語テクストを暗唱し、芝居を行いました。イエズス会の学校ラテン語演劇は一六世紀中頃から始まり、カトリック圏の諸地域に導入され、その後二二〇年の間に無数の作品が演ぜられて多くの観客を得ました（ひとつの上演に時には数百人が訪れたこともあるといいます）。[*31] 作品の執筆者の多くは、その名前が後世に伝わっていませんが、ヤーコプ・ビーダーマン（一五七八―一六三九年）はイエズス会学校演劇の枠を越えて、バロック期の劇作家として著名です。

＊30　佐藤彰一：宣教のヨーロッパ，中公新書 2018 年，80 頁以下参照.

＊31　Vgl. Simon Wirthensohn: Anton Claus. Leben und Werk. Studie zum späten Jesuitentheater, Berlin/ Boston 2019, S.14.

ヤーコプ・ビーダーマンは、ウルムに近いドナウ河沿いの街エーヒンゲンに生まれ、アウクスブルクのイエズス会学校に学びました。九四年にイエズス会に入会して、九七年からインゴールシュタット大学で哲学を学んだ後、一六〇〇年にアウクスブルクの母校に戻り、そこでこれからみる『ケノドクス』というラテン語劇を執筆し、これは一六〇二年七月二日（この時期は学校の新年度始まりに相当）に初演されました。ビーダーマンは一六〇三年秋からふたたびインゴールシュタット大学での学業を再開し、〇六年まで神学を学んだ後は、ミュンヘンの高校《ギュムナージウム》で修辞学の教授となり（一六〇六年）、そこで多くの演劇作品を執筆しました。一四年からは、エーバースベルク、ディリンゲンで哲学と神学を教え、二五年からはイエズス会総長によりローマへ招聘され、書物の検閲官として活動し、同地にて没しました。

『ケノドクス Cenodoxus』[*32]（一六〇〇年）という劇は、この名前の主人公が地獄へ落ちるまでの劇です。作品は、以下の実話に基づくフィクションであり、悲劇の構成をとって五幕の劇形式をとっています。

実話：一〇八二年、パリにある高名な博士がいたが、この人が亡くなったとき、通夜がいとなまれ、参集の人々が哀悼の歌を歌おうとした。ところが、「お答え下さい、私に答えを与え給え――」という、お決まりの歌が始まろうとした、まさにそのとき、亡骸が棺の中で起き上がっ

＊32　Cenodoxus とはラテン語で，「取るに足らない，価値のない，空虚な」という意味を持つ.

ウィーン大学のイエズス会劇場におけるニコーラ・アヴァンチーニ『勝利する慈悲』の上演風景（1659 年）

て、驚くことにこう叫び声を上げたのだった。「神の正しいご判断により私は罪に問われた！」このため、お通夜は翌日に延期された。翌日、噂を聞きつけた多くの人が参集してふたたび通夜が始まったが、「お答え下さい、私に答えを与え給え――」と皆が歌い出そうとしたそのとき、またしても亡骸は起き上がって、「神の正しいご判断により私は裁かれた！」と叫んだ。人々は天の裁判官がこの人を何の裁きにかけたのか分からなかったので、もう一日待ってみることにした。三日目、「お答え下さい、私に答えを与え給え――」をあらためて歌おうとすると、やはり亡骸は起き上がって、「神の正しいご判断により私は永遠に呪われた！」とすさまじい声で叫んだのだった。このことに後に聖人となるケルンのブルーノ（一〇三〇―一一〇一年）はいたく心を痛め、六人の仲間たちとともに世を捨て、森に入り、カルトジオ修道会を開いたということだった。[*33]

劇の主題は、主人公ケノドクスの驕り高ぶった心が、断罪される、というものです。登場人物は、主人公の他に、キリスト、聖ペテロ、天使、悪魔、さらに、魂、良心、偽善、病、死、自己愛、といった、本来ならば、目に見えない人間の特質や行為の有りようが擬人化されて登場します。こうした擬人表現がバロック演劇の特徴のひとつと見なせるでしょう。以下にケノドクスの自惚れが描かれる場面（第一幕第三場）を引用すると、

＊33　Vgl. Summarischer Innhalt der Geschichte vom Parisischen Doctor. In: Jacob Bidermann. Cenodoxus, Stuttgart 2020, S.8.

ケノドクス：私こそ、大いなる正義と大いなる神聖とによってとてつもなく褒め称えられる者では？
フィラウティア（自己愛）：神聖さを称えることのできる人間ならば、どんなにくだらない人にとってもあなたは称賛の対象でしょう。
ケノドクス：私こそ、ガリア[*34]の太陽の光では？
フィラウティア：太陽そのものですとも。
ケノドクス：王者の心なのでは？
フィラウティア：そして王国の命ですとも。[*35]

こうして自惚れが、「自己愛《フィラウティア》」を鏡のようにして、悦に入っている様が描かれます。ケノドクスの守護天使はこのような状態を心配し、良心を彼のもとに送り込むが効果がありません。

ケノドクスの堕罪を決定するのは、破滅した船乗りが施しを求めてやってきたときの振る舞いです。慈悲を求める哀れな船乗りを相手に、けんもほろろな態度をケノドクスはとります。そこへ同僚であるケルンのブルーノたちがやってくると態度をがらりと変えて、たくさんの施しを与えてみせるのでした。

最終第五幕では、キリスト、聖ペテロ、聖パウロ、大天使、ケノドクスの守護天使、ケノドクスの魂、良心、悪魔が、裁判官、弁護人、告発人として登場して、死後のケノドクスの魂が裁かれます。悪魔が告発者、つま

＊34　現在のフランスやベルギーなどの地域を指す名称.

＊35　Jacob Bidermann: Cenodoxus. In: Ludi theatrales sacri, sive opera comica posthum à R. P. Jacobo Bidermanno Soc. Jesu theologo olim conscripta. Pars Prima, Monachii 1666, S.86.

りは検事役となって、ケノドクスの悪行をキリストに訴えます。悪魔パヌルグスの訴えは以下の通り。

悪魔：嘘は言いません。ひとつだけ申しあげます。
一言ですべてを言い表したことになります。
つまり、高慢《スペルブス》なのです、この者は。
勝ちました。高慢なのです。他のことは付け足しますまい。
すでに申したことが理由なのです。[＊36]

かくしてケノドクスの魂は、キリストへの慈悲の願い空しく、また守護天使のとりなしも甲斐なく、裁かれて地獄へと落とされるのです。ラテン語Superbusとは高慢、そして傲慢となることであり、傲慢（ギリシア語でヒュブリス）の罪こそは、ギリシア悲劇において、人間が犯す最も大きな罪であり、これゆえに、主人公は神によって没落させられるのでした。『ケノドクス』は、ギリシア悲劇がもったこの核心となる要素を、バロックの時代に再び取りあげ、キリスト教という背景をもった悲劇の中にあらためて取り込んでいます。ただし、ギリシア悲劇がもった、ヒュブリスという罪故に破滅する人間への同情の念は、『ケノドクス』というバロックの演劇には一切欠けています。むしろ見せしめとして断罪される主人公への同情は禁ぜられ、ヒュブリスの罪こそが、戒めとして印象づけられるの

＊36　Ebd., S.139.

です。

このヒュブリスが、しかし、学問を通して人間理性が容易に陥ることになる傲慢として提示されてある点が、イエズス会の演劇のひとつの特徴をなしていると考えられます。パリの博士ケノドクスが「取るに足らない」という意味を持たされているのは、理性による人間知性の、信仰から背理した独り歩きが断罪されているのに他なりません。そして信仰に基づかない、理性の独り歩きこそ、バロックの時代にイエズス会が最も批判しようとしたものです。

各地のイエズス会は日本に題材を得た演劇作品を複数制作していますが、題材となったのは、織田信長、大友宗麟、有馬晴信、高山右近などです。そうしたもののうちのひとつを、バロックの章でとりあげましょう。

バローコ

大航海時代が到来してからの頃、球形でなく、形の整わない、いびつな形状の真珠は、ポルトガル語の形容詞で「バローコ barroco」と形容されました。[*37] ホルムズ海峡及びペルシャ湾沿い各地のオリエント産と、南インドとセイロン島に挟まれたマンナール湾の真珠が形も良く古代から最上として珍重されてきたのに対し、大航海時代以降には新世界、つまりは南米および南洋諸島の沿岸でも採取される真珠が知られるようになり、それらのうちの形の整わないものが「バローコ」と呼ばれたのでした。

＊37　Vgl. Garcia de Orta: El Coloquios dos simples, e drogas he cousas mediçinais da India, Goa 1563, S.139.

「バローコ」の真珠の大きなものは、王侯の富と力の象徴として機能しました。図はフランスのヴァロア家から一五五九年にスペイン王フェリペ二世（一五二七―九八年）のもとに嫁いだエリザベト・ド・ヴァロアの肖像です。エリザベトは一六世紀独特のファッションである襟ぐりのある服を着て、真珠を含む豪華な宝石類を無数に身に付けています。黒いドレスには二重に鉛色の真珠が環を描いていますが、これはその色合いからしてクロチョウガイでしょう。クロチョウガイはペルシャ湾とパナマで当時とれましたが、パナマはスペインが新しく占領した地域なのでした。ペルシャ湾をポルトガルが押さえていた以上、このクロチョウガイはパナマのものと考えることができます。[*38] これとは別に注目すべきは、エリザベトのメディチ家らしい白皙に浮かぶ大きな眼を縁取るまぶたと同じライン上、右側に、頭飾りからぶら下がる大きな涙形をした真珠が描かれてあることです。この真珠は他を圧倒するほどに大きいのですが、他の小さな真珠がきれいな球形をしているのに対して、この涙形の真珠がバローコなのです。このバローコは、白く非常に大きいことから、フィリピンでとれるシロチョウガイと考えられます。バローコは、フェリペの名前にちなむ島フィリピンが含まれる東インドを支配するスペインの力を象徴し、エリザベトの肖像画はパナマ産のクロチョウガイとともに太陽の没することなき帝国の姿をも映し出しています。

ところで、エリザベトはドイツ文学の中で不朽の地位をフリードリヒ・

＊38　山田篤美：真珠の世界史，中公新書 2013 年，86 頁以下参照.

フアン・パントーハ・デ・ラ・クルス『エリザベト・ド・ヴァロア』（1565 年頃）

シラーの劇『ドン・カルロス』（一七八七年）によって獲得しています。フランス王アンリ二世を父として、メディチ家出身のカテリーナを母として一五四三年に生まれたエリザベトは、フェリペの三度目の結婚相手だったのですが、もとは王子ドン・カルロス（一五四五―六八年）の方と婚約関係にありました。フェリペの二度目の結婚相手である英国女王メアリー一世（一五一六―五八年）が亡くなってから、急遽エリザベトがフェリペの結婚相手として組み直されたのでした。ドン・カルロスはフェリペとの折り合いが悪く、また反逆の罪で捕らわれて若くして亡くなりました。エリザベトも同年に亡くなったため、彼女が王子との非恋の犠牲者であったという伝説が生まれ、それを題材としてシラーはこの物語を文学作品へと昇華しました。

三十年戦争

ドイツ語圏においてルネサンスとバロックとの間を画することになった大きな戦争のことに触れておきます。

三十年戦争は、ボヘミアを事の発端として始まり、神聖ローマ帝国の地を舞台としてプロテスタント側とカトリック側とに別れて諸侯と都市とが一六一八―四八年の三十年間にわたり戦った宗教戦争です。帝国に政治的利害関係や領土的野心を持つフランス、スウェーデン、デンマークの介入を招いて、ほとんど全ヨーロッパ諸国の関与する戦争となり、戦争を終結させるヴェストファーレン（＝英語名：ウエストファリア）講和会議にはスイス、ポルトガル、ローマ教皇、ヴェネチア、オスマン帝国までが加わりました。この戦争によって最も大きな打撃を被ったのは、オーストリアとスペインの両ハプスブルク家であり、戦後の諸侯は皇帝に対する独立の度合をいっそう強め、神聖ローマ皇帝はいよいよ名目的な存在となりました。スペインはオランダの独立を承認させられて衰退していく一方、フランスはライン左岸に領土を獲得し、国境をライン川に到達させることができました。またスウェーデンは帝国のバルト海沿岸に領土をえて、バルト海に雄飛する基礎を固めました。新しい時代の地図と領土とがこの戦争によって確定されましたが、三十年の間、戦火にさらされた民衆の被害は大変に大きいものでした。戦場となった地域では、人口の三〇～九〇％が失われ、帝国内の地域の経済的文化的後進性を決定づける結果が生じました。

三部作『ヴァレンシュタイン』の背景及び粗筋

三十年戦争を題材とした後世の演劇作品が、フリードリヒ・シラーの三部作『ヴァレンシュタイン』です。

ドラマの舞台がおかれる時は一六三四年一月、三十年戦争が始まって一六年が経過した時点である。この間の一六三〇年八月にフリートラント公

1631年5月10日のマクデブルクの陥落：「マクデブルクの婚礼」と呼ばれる，三十年戦争の中で最も凄惨を極めた市の陥落の様子．二万人の市民が殺戮され，市は掠奪され，灰燼に帰した

ヴァレンシュタイン[*39]はレーゲンスブルクの選帝侯会議で一度罷免され、皇帝軍総司令官の職を退いたが、一六三二年四月には再び総司令官職を軍隊に対する全権委任を条件にして引き受けている。新教擁護のために戦争に介入したスウェーデン王グスタフ・アドルフとの間で戦われた一六三二年のリュッツェンの戦いで、ヴァレンシュタインは敗れはしたものの、グスタフ・アドルフはこの戦で戦死した。以来、ヴァレンシュタインは、将を失って劣勢である筈のスウェーデン軍を一気に壊滅に追い込み、皇帝側に勝利をもたらすという機会を不可解なことに何度も見送っていた。ボヘミアに引き籠もったまま彼は動かず、その行動は敵と味方に謎として映る。ボヘミアの都市ピルゼンにヴァレンシュタイン及びその旗下全軍が集結し、ここでヴァレンシュタインは冬の陣営を敷き、兵馬を養うという口実を設けて、スウェーデン軍と戦って窮状にあるバイエルン軍を援助することを拒んでいる。スウェーデン軍がレーゲンスブルクを占領し、ウィーンに迫ろうとしてもなお彼は動かない。それが宮廷にヴァレンシュタインへの不審の念を抱かせた。また、ヴァレンシュタインが動かないことの理由が、彼が新教側のザクセン軍、およびスウェーデン軍との連携を画策しているためではないか、という憶測がなされる。これを既に末端の兵士でさえも口にする程になっている。軍事力を背景に最高権力を得た総司令官ヴァレンシュタインを廃官するという内密の指令を皇帝は発した。ヴァレンシュタインはこのピルゼンで謎めいた沈黙の内に己のとる進路を定めよ

*39　史実のヴァレンシュタインは，アルブレヒト・ヴェンツェル・オイゼビウス・フォン・ヴァレンシュタイン (1583-1634 年) という．1625 年からフリートラント（東プロイセンの都市）公爵であり，サガン侯爵とメクレンブルク公爵も兼ねた．

うとするが、彼の判断の基準にあるのは占星術である。そして、このピルゼンで開かれる評定で、全家臣の盲目的な服従を取り付けることが、ヴァレンシュタインが皇帝に対して謀反を起こし、ボヘミア国君主の地位を得るという野心の実現のために必要なのであった。三部作『ヴァレンシュタイン』はここから始まるが、ヴァレンシュタインは全権委任の皇帝軍を、オーストリアの敵であるスウェーデン軍、及びザクセン軍と連携させて反乱軍とする目論見を持っていた。ヴァレンシュタインは傭兵を自前の軍資金[*40]で調達して皇帝に差し出した時、皇帝から担保としてボヘミアを授かったが、今はこのボヘミアを自ら領主として治める権利を、この反乱軍の脅威を盾にして勝ち取ろうとしていた。スウェーデンとザクセンにはそれ相応の領土を分け与えて、この時点で一六年間も続いた戦闘に終止符を打ち、ヨーロッパに平和をもたらすという筋書をヴァレンシュタインは描いたのだった。結局血縁関係にある者以外の全ての家臣、特に最も信頼を寄せたオクターヴィオ・ピッコロミーニとその息子であり、ヴァレンシュタインの寵児であったマックス・ピッコロミーニにも離反され、裏切られて、新教軍との同盟による謀反は頓挫する。危険を避け落ちのびたエーガーにて、部下であるブットラーの手によってヴァレンシュタインが暗殺されるところで幕が閉じる。

＊40　軍資金といえば，ターラーとは16世紀から18世紀にかけて神聖ローマ帝国で通用した銀貨のことをいう．銀貨一枚の銀の含有量は1566年の帝国会議で25.98グラムと定められた．銀の価値は，今日と17世紀とでは，とりわけ金の価値と比較して大きく下がっている．2019年頃で金と銀との価値の比率は概ね1：83であるが，17世紀後半の時代の比率は概ね1：15である．そこで，銀ではなく金の価値を参考にすると，今日の金1グラムの価格は2019年頃で約5.000円であることから，1ターラー＝銀25.98グラム×（金との比率）1/15×5.000円＝8.650円となる．その他の要素を大まかに加味したとして，1ターラー＝1万円ほどとおおよそ理解すると，この時代の通貨の価値を実感することができる．Vgl.Ottomar Haupt: Gold, Silber und Währung. Wien 1877, S.90.

第5章　バロックI

バロック

次頁の図は一六四八年、ヴェストファーレン条約締結の頃（三十年戦争収束時）の神聖ローマ帝国の姿であり、二重丸で表した都市がそれぞれ帝国都市です。それらかつての帝国都市を訪ねてみて、そこの中心の広場がバロックの建築物で飾られてあるのを探し出すのは、実はなかなか難しいのです[*1]。対照的に、ハプスブルク家の皇帝が居城としたウィーン、ザクセン選帝侯のドレスデン、マインツ大司教が治めたヴュルツブルクこそが、いわばバロック建築が花咲いた都市であり、それらは、王侯貴族と司教たちの都市であったのです。

権力と富とが奢侈として目に見える表現となるのがバロック建築物であり、その表現は圧倒的で眩暈をもよおさせるようなものであればあるほどに、それらを見る者たちの心を奪って権力を持った者たちへと服させるのに役立ったのでしょう。

ドイツ語圏を含むヨーロッパの一七世紀から一八世紀にかけての時代は「バロック」の時代と呼ばれます。建築、絵画、庭園、音楽、文学など様々な分野で、この時代の文化はその前後の時代から区別される特徴を持

＊1　製塩との貨幣鋳造で栄えたシュヴェービッシュ・ハル Schwäbisch Hall の市庁舎が，ドイツ語圏では数少ないバロック様式である．

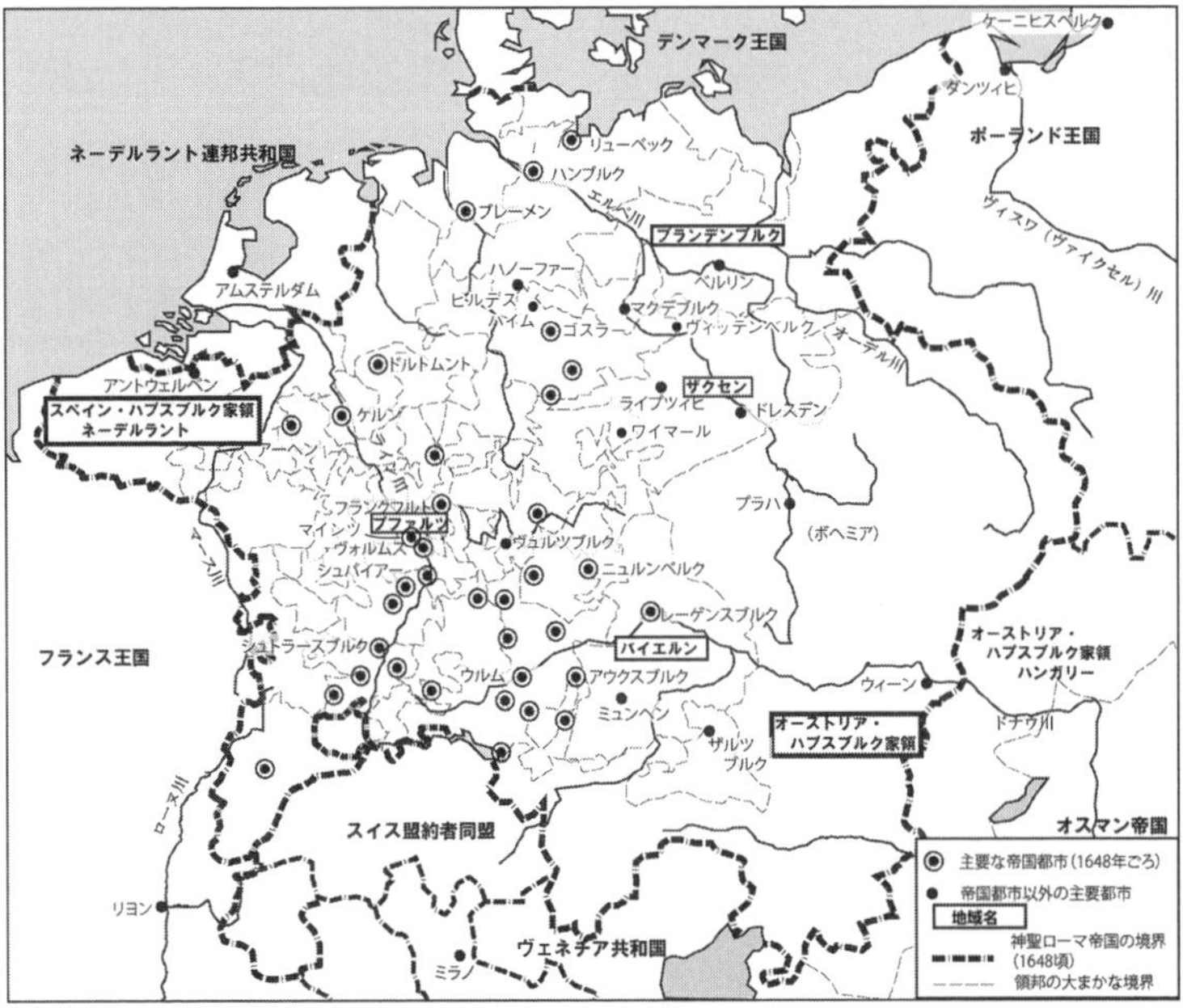
デンマーク王国
ケーニヒスベルク
ダンツィヒ
ポーランド王国
ネーデルラント連邦共和国
リューベック
ハンブルク
エルベ川
ブレーメン
ブランデンブルク
ヴィスワ（ヴァイクセル）川
ベルリン
ハノーファー
アムステルダム
ヒルデスハイム
マクデブルク
ゴスラー
ヴィッテンベルク
オーデル川
ドルトムント
アントウェルペン
ザクセン
ライプツィヒ
ドレスデン
スペイン・ハプスブルク家領
ネーデルラント
ケルン
ワイマール
アーヘン
ライン川
プラハ
フランクフルト
（ボヘミア）
マインツ
プファルツ
ヴォルムス
ヴュルツブルク
マース川
シュパイアー
ニュルンベルク
レーゲンスブルク
フランス王国
シュトラースブルク
バイエルン
オーストリア・
ハプスブルク家領
ハンガリー
ウルム
アウクスブルク
ウィーン
ミュンヘン
オーストリア・
ハプスブルク家領
ドナウ川
ザルツブルク
ローヌ川
スイス盟約者同盟
オスマン帝国
主要な帝国都市（1648年ごろ）
帝国都市以外の主要都市
地域名
神聖ローマ帝国の境界
（1648頃）
領邦の大まかな境界
リヨン
ヴェネチア共和国
ミラノ

三十年戦争前後のドイツ

っています。言葉としてのバロックは、もともとはポルトガル語の形容詞「バローコ barroco」に由来するとされ、これは、球形でなく、形の整わない、いびつな形状のものを指す言葉でした。

バロックの建築

さて、「バロック Barock」という言葉自体は、フランス語を経由して18世紀半ばにドイツ語に入ってきても、「ゆがんだ、奇怪な」という意味合いを持たされ二十世紀に至るまで否定的なニュアンスを伴っていました。バーゼル大学の歴史学者だったヤーコプ・ブルクハルト（一八一八—一九七年）は、イタリアの芸術を理解する手引き書の中（一八五五年）でバロック様式の建築を評して、「ルネサンスと同じ言葉だが、ただし、その野蛮な方言を話す[*2]」と説明しています。

全体と部分との比例的調和が、ウィトルーウィウスの理論に基づくルネサンス建築の特徴でした。部分は全体を、全体は部分を表し、円や半円と柱ないしは四角形という部分は互いに比例的な関係にあり、積み木のようにして全体を形成したのでした。これに対してバロック建築では、ルネサンスと同じような円や半円と柱ないしは四角形のモティーフがデザインとして部分に用いられますが、部分と部分とは重なり合ったり、また完結して閉じていないために、部分と部分とを組み合わせるだけでは結果として全体というものが形作られず、全体を形作るためにはひとつの意思という

＊2　Jacob Burckhardt: Der Cicerone. Eine Anleitung zum Genuss der Kunstwerke Italiens, Basel 1855, S.368.

ものが必要となります。部分という個と全体との照応がルネサンスだとすれば、部分を組み合わせるひとつの意思が全体をつくる、あるいは逆に、全体が前提としてあってその後に部分が個々に組み合わされているのがバロックの建築だということになります。具体的な例を見ていきましょう。

建築の場合、ルネサンス様式のファサード全体は部分の各所と相互に比例関係にありましたが、その核心は正四角形が全体を決定し、またばら窓の円もまたその内接円であるという点にありました。ルネサンスにおけるこの内接円の原理を逆手にとって、正四角形に外接する円をデザインの基本としたのが、バロック建築の始祖に位置づけられるローマのイエズス会教会です。

イグナシオの墓所があるイエズス会教会はアルベルティのデザインに影響を受けてその約百年後の一五八四年にジャコモ・デッラ・ポルタ（一五三七―一六〇二年）によって完成しました[*3]。神殿風の上下二段構造になっている点で、このイエズス会教会のファサードは、フィレンツェのサンタ・マリア・ノヴェッラ教会のものに一見よく似ています。しかしイエズス会教会のファサード全体は、サンタ・マリア・ノヴェッラ教会とは異なり、正四角形に収まらない、という点が決定的に異なります。というのも、イエズス会教会のファサード中央にある大きい円弧がデザインのすべてを決定しており、この円弧は、入り口上の小さい（その比は五：二）円弧の頭頂部を中心として建築物（階段部下）の基底部に接する円Aを仮想

*3　デッラ・ポルタはその後，サン・ピエトロ大聖堂のドーム（ミケランジェロによるデザイン）の施工に携わり，ドームの形をやや面長に変更して，1593年に完成させた.

イエズス会教会（ローマ，1568-84年建設）

的に描きます。この円Aに内接する正四角形の上のラインBが、ちょうど下部神殿のエンタブラチュアの上部ラインとなっています。階段部上からラインBまでの高さは、ラインBから上部神殿エンタブラチュアの上部に達するまでの高さに等しくデザインされていて、その高さは、円Aの半径をrとすれば、r(1＋cos50°)−α(＝階段部分の高さ)です。*4 中央の大きい円弧内の二等辺三角形と最上部の破風と小さな四つの破風とは相似形であり、その比率は、3：6：1。階段下基底部からファサード中央の上側に薄めに形作られるラインCまでの高さxとラインBから破風頭頂部までの高さyとは等しくなっています。そのため、xとyとは、中央の大きい円弧の部分の厚みの分だけ重なり合っています。上部神殿と下部神殿との構図は上下に重なり合い、その重なり合いが柱の複数性として各所に再現されています。中央にある大きい円弧に収まる二等辺三角形を相似形として上部神殿の破風が形成され、この破風の高さの分だけ、架空の円Aの両側が横に拡張されて、ファサードの全幅となっています。

　結論として、全体は部分とは照応しません。中央に位置する大きい円弧から導かれる様々な幾何学的性質によって部分が拡張され、重なり合い、ひとつの全体がつくられています。幾何学的性質というルネサンスの建築技法を用いつつも、全体を形づくるのは、建築家が持つひとつの意思であるということになり、またこの意思は、全体を形づくる神の意思の代弁であるとも言えるでしょう。この原理は、後の方で見るバロック庭園の構成原

＊4　50°は、大きな円弧の中心角の半分に相当する。1＋cos50°の値は1.64278760968...となり，1.6180339887...の黄金比とは厳密には異なる.

イエズス会教会の天井画（ジョヴァンニ・バッティスタ・ガウリ〈＝バチッチオ〉による）

理としても当てはまります。イエズス会本拠地の教会ファサードは、各地のイエズス会教会およびバロック式教会ファサードのお手本となりました。

イエズス会教会のファサードの全体は、円弧から導き出される幾何学的な諸特性の任意の組み合わせから構成されており、それぞれの部分は中央の大きい円弧と比例的に関係づけられますが、全体は部分と対照関係にあるというウィトルーウィウスにもとづく基本的な理念は、ここにはありません。外接円から導き出される諸特性を、ひとつの意思で組み合わせるというところにこのイエズス会教会のファサードの特徴があり、これは、部分である個がそれぞれ独立していてもそれ自身全体と相似形ないしは比例関係にあるとするルネサンスの思想とは根本的に異なっています。外接円から導き出される諸特性は無数にあり、これを任意に組み合わせるとすれば、ファサードの形は神殿型を基本としつつも無数のヴァリエーションを持つことになります。

その典型が一六二二年、イグナシオが列聖された年に竣工した、ローマにある聖イグナシオ教会です。この教会は、イグナシオによって一五五一年に創設されていたイエズス会の学校であるコレージョ・ロマーノに隣接して建築され[*5]、ファサードが、このコレージョにおける数学の教授であったイエズス会士オラーツィオ・グラッシ Orazio Grassi（一五八三―一六五四年）によって設計されました。聖イグナシオ教会のファサードは、イエズス会教会のものに非常によく似ており、影響を受けていることは明白

＊5　この場所はかつてローマ時代にはイシス神殿が存在した．ファサードのところには，「聖母の水」という泉もあった．

聖イグナシオ教会

です。中央の大きい円弧の中に二等辺三角形は存在しませんが、その相似形が上部神殿部の破風を形作るのに用いられています。ただ、中央部は立体的となってせり出す形となり、また柱は前後にずれる形で重なり合い、下部神殿の両翼はその重なり合いがコピーして付加されたようになっています。外接する円から生み出された様々な幾何学的特徴は、神殿の柱の意匠とともにここでは任意にひとつの全体へと組み合わされ、この全体は中心を立体的に浮かび上がらせる仕掛けをも施されています。このようなゴテゴテとした過剰な装飾が、均整のとれたプロポーションをむねとするルネサンスの技法とは根本的に異なるところであり、こうした特徴を感覚的に言い表していたのが、先のブルクハルトの言葉——ルネサンスと同じ言葉だが、ただし、その野蛮な方言を話す——だったことになります。

クアドラトゥーラ

イタリア語でクアドラトゥーラ quadratura とは求積法を意味しますが、バロックの時代の視覚芸術の方法として、建築物の天井奥行きと遠近法を組み合わせたフレスコ画をも意味します。分かりやすく表現すれば、天井のだまし絵です。このクアドラトゥーラの傑作が聖イグナシオ教会の天井にフレスコ画として描かれています。列聖されたイグナシオ・デ・ロヨラの栄光を称えるのを主題としたこの画は、イエズス会士アンドレア・ポッツォ Andorea Pozzo によって一六九四年に完成されました。中央の

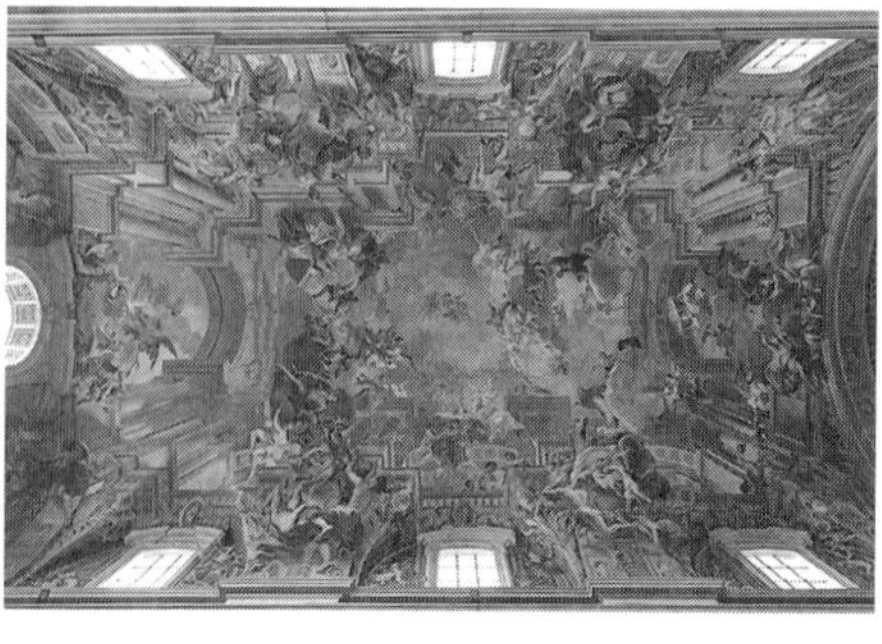

聖イグナシオ教会（ローマ）にある，ポッツォによる天井画

消失点に雲にのって天使たちとともに描かれているのが聖イグナシオで、中空には天使たちが浮かび、イエズス会が活動を行ったヨーロッパ、アフリカ、アメリカ、アジア各所の、信仰によって救済にあずかる人々が描かれる一方、また各所の悪しき人々が下方へと落とされる様が描かれています。もうひとつは下から見上げたドームの図で、これは設計段階では予定されていたものの実際には建築されなかったドームを、画によってあたかもそこにあるかのごとく見えるように描いています。

　イエズス会教会の建築物および装飾画に比類なき足跡を残したアンドレア・ポッツォは一六四二年イタリアのトレントに生まれ、イエズス会の学校で人文学を学びました。芸術的才能を見せたので、一七歳からは芸術家工房で仕事をするようになり、一六六五年一二月二五日にイエズス会に入会しました。その後ミラノで祝祭の装飾を手がけて認められ、さらにジェノヴァとヴェネチアで芸術家としての修行を積みました。彼はモーデナ、ボローニャ、アレッツォなど、イエズス会の教会の装飾の仕事を多くこなし、画家および建築家として活躍し、一六八一年イエズス会総長によってローマへ招聘されました。彼の代表的作品にして、バロック期クアドラトゥーラの最高傑作となるのが、一六八五年からの聖イグナシオ教会におけるフレスコ画です。晩年には『絵画と建築の遠近法 Perspectiva pictorum et architectorum= Prospettiva de pittori e architetti』（一六九三―一七〇〇年、二巻本ローマにて出版）を著して、遠近法を用いただまし絵の

スパーダ宮の回廊．8.82 m の奥行きは 4 倍以上の奥行きとして感ぜられる

聖イグナシオ教会の天井に描か
「見せかけのドーム」（右）

書き方を解説し、この書を皇帝レーオポルト一世に献呈しました。

クアドラトゥーラそのものはポッツォの発明ではなく、彼はむしろこの技術の完成者であり、この技術そのものはすでにイタリアで多くの画家ならびに建築家たちによって採用されていました。遠近法を現実の構造物と組み合わせて、現実以上の奥行きを錯覚させる演出の技法は、アンドレア・パッラーディオ（一五〇八―八〇年）が設計したテアトロ・オリンピコ（一五八五年）や、フランチェスコ・ボッロミーニ（一五九九―一六六七年）によるスパーダ宮の回廊（一六五三年）が知られています。それぞれ中央の回廊が奥に行くに従い、現実にはせり上がることにより、実際よりも数倍以上奥行きのある空間として感じられるようになっています。

クアドラトゥーラの技法は、ポッツォの『絵画と建築の遠近法』によれば、図に見るように、ひとつには遠近法を用いた画が基本にはあります。遠近法による画としては水平の構図のものに私たちは慣れていても、下から見上げる垂直の構図は珍しいでしょう。一方でこの遠近法の画は実際の建築物のデザインと重なり合って、かつ実際の建築物が持つ高さあるいは奥行きを利用している点が、クアドラトゥーラを成り立たせているもうひとつの基本的要素となります。図の神殿構造の下側にある窓は本物であり、この窓のある部分から上側はかまぼこ状に教会建築物の天井を形成しています。この実際はかまぼこ状の天井に、垂直に立ち上がって見える神殿がだまし絵として描かれているのです。

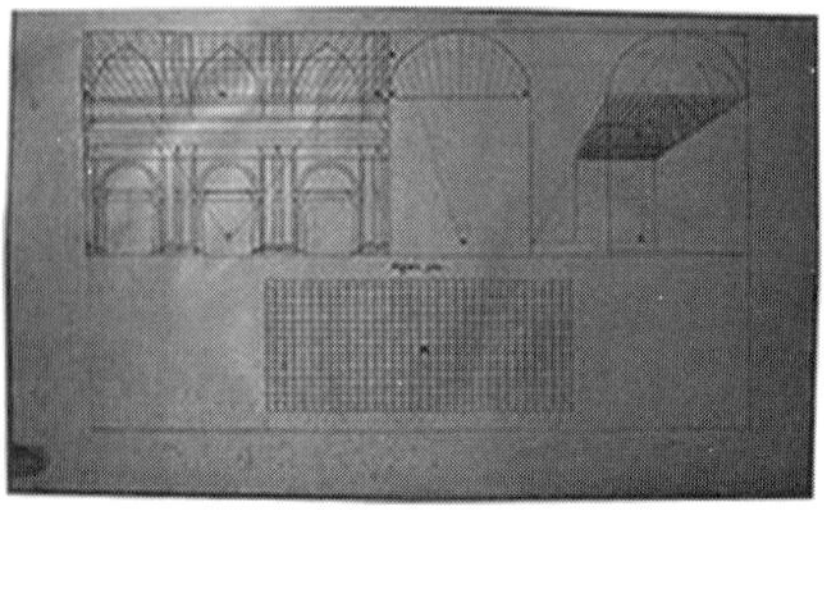
ウィーン・イエズス会教会の設計図

ポッツォはその仕組みを以下のように図解しています。遠近法によって浮かび上がることになる画面Mは天井かまぼこ面に実際には投影されて描かれますが、そのためにはMのプロポーションを格子状の糸によって正確に再現し、これを高さL＝A－B－E－Fのレベルに固定すると。そして、観察者の視点であるOに光源をおいて、その光による格子の影が天井かまぼこ面に投影されるので、投影された格子のプロポーションにあわせて実際の画を描くのであると。*6 天井フレスコ画を見る人は、教会内の一点Oに立って天井を見上げ、実際の窓の下側でグラウンドレベルに水平な高さLに仮に現れる一種のスクリーンNを見ていることになります。この仮想スクリーンNに、かまぼこ面に投影されて描かれた遠近法によるフレスコ画Mが、実際の奥行きの助けを得つつ仮想的かつ立体的に立ち上がる形となり、人はこの巨大なスペクタクルに心打たれることになるのです。

建築の場合のバロックは、外接円に関わる様々な性質の任意な組み合わせが全体を構成していました。そのバロック建築の内部では遠近法に基づくプロポーションを利用して、本来は存在しない神殿構造物を仮想的《ヴァーチャル》に教会天井部に積み上げて、もうひとつの全体を出現させています。プロポーションを利用して任意のひとつの全体を構築するという点では、同じ性質をともに持っていることになります。

さて、『絵画と建築の遠近法』を献げられたレーオポルト一世（一六四〇―一七〇五年）は一七〇二年にポッツォをウィーンに招聘し、翌年、ウィー

ウィーン・イエズス会教会のファサード（左），教会内部のクアドラトゥーラ（右）

ンにあるイエズス会の教会のファサードと天井フレスコ画を手がけさせました。この教会は、ウィーン大学で神学および哲学の部門の教育を担っていたイエズス会が大学に付設したもので、三十年戦争のさなかの一六二三年から三一年にかけて建設されていた教会が、一七〇三年にポッツォによって現在の姿を与えられました。一見ルネサンス風のファサードは、各所における柱の重なりという任意の組み合わせが見て取れる点でバロック式です。また内部の天井には、実際には存在しないドームがクアドラトゥーラとして描かれています。

　レーオポルト一世がオペラを上演させるために造らせた劇場の天井にも、イタリア出身のウィーンの宮廷建築士ロドヴィーコ・オッターヴィオ・ブルナチーニ Lodovico Ottavio Burnacini（一六三六―一七〇七年）[*7]によって、図版に見るように一六六八年にはクアドラトゥーラが描かれています。劇場もまた、舞台では遠近法が基本的に用いられる場であり、それとの関連で、天井に描かれる遠近法のフレスコ画もまた、劇場ではすでに馴染みのあるものでした。

ウィーン――皇帝のバロック

　バロックの時代に、王侯と祝祭とは密接な関係を持っていました。誕生日や結婚式など、様々な記念や祝賀の日に合わせて、オペラ、演劇、バレエ、騎馬バレエ、花火、パレード、模擬戦、模擬海戦、といった豪壮奢侈

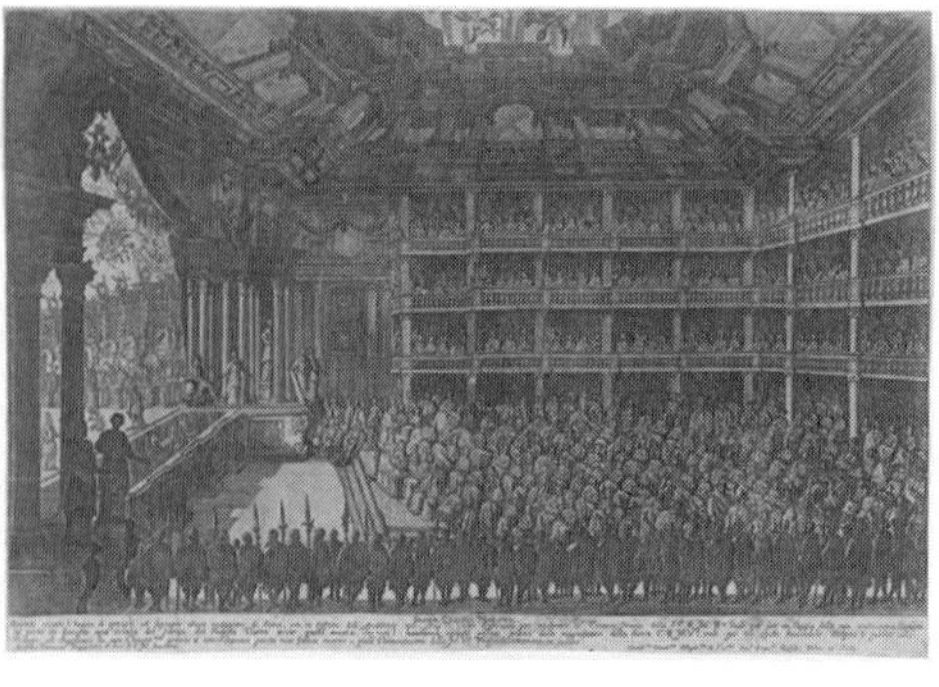

オペラ『黄金の林檎』(1668)が演ぜられた宮廷劇場. 天井部にはクアドラトゥーラが見える. フランドル生まれの総合芸術家フランチェスコ・ゲッフェルス Francesco Geffels による銅版画

の様々な催しが行われました。ドイツ語圏におけるこうしたバロック文化の代表は、フランス王ルイ十四世と政治的なライヴァル関係にあった、ウィーンの皇帝レーオポルト一世です。

レーオポルト一世（一六四〇—一七〇五年）は、フェルディナント三世（一六〇八—一六五七年）と、スペインのマリア・アンナとの間の第五子、四男として生まれました。長兄フェルディナント（一六三三—五四年）に継承権が定められていたことから（次男、三男は夭折）聖職者となるべく教育を受けました。レーオポルトの家は、曾祖父の代からイエズス会との関係が濃厚でありました。レーオポルト一世は、学問と文化に対する理解があり、自らも作曲をするほどに音楽を愛し、その才に恵まれ、生涯に二三〇を越える楽曲を残したといわれます。

王侯の祝祭——レーオポルト一世とマルガリータの結婚

スペイン王フェリペ四世の娘マルガリータ・テレーサ・デ・エスパーニャ（一六五一—七三年）は五歳の時に、宮廷画家であったディエゴ・ベラスケス（一五九九—一六六〇年）の傑作『女官たち』（Las meninas、一六五六年）の中に描かれて不朽の姿をとどめていますが、レーオポルト一世はみずからの姪かつ従姉妹にあたるマルガリータと一六六六年に結婚しました。マルガリータの一三歳年上の異母姉はマリア・テレーサといい、ルイ十四世と結婚していましたので、レーオポルトはスペイン・ハプスブルク

＊6　Vgl. Andrea Pozzo: Prospettiva de pittori e architetti. Parte prima, roma 1693, Figura centesima. 実際には足場のために光源が利用できないことがあるので，その場合はO点に糸を結びつけてその反対側を自分で持つことによりN格子面からの投影の印をつけたという．

＊7　建築家，版画家，舞台および衣装デザイナー．ヴェネチアでおそらくは父の舞台制作工房で修行を積む．ヴェネチアは17世紀中頃にはヨーロッパ随一の演劇都市であり，ブルナチーニは，即興劇と衣装が特徴のコンメディア・デラルテ Commedia dell'arte に早くから親しんだ．1651年，父ジョバンニがフェルディナント三世によってウィーンへと招聘され，16歳のロドヴィーコもまた同地へ移住する．ブルナチーニ親子はウィーンの宮廷で装飾芸術の全般を担当した．父の死の4年後の1659年，ロドヴィーコは宮廷建築士として劇場の芸術プロデュースも担当した．彼がこなした仕事は，暦上の祝日　（次頁）

家との婚姻を通して必然的にルイ王を意識せざるを得なかったのです。レーポルトとマルガリータの結婚期間はわずかに六年でしたが、この二人の結婚に際して二年間にわたって行われた数々の祝典は、バロック期の王侯文化の姿を知るための格好の材料となっています。

マルガリータが真冬のウィーンに到着してすぐに行われたのが、宮廷の総合文化プロデューサーをつとめるブルナチーニによる演出で一六六六年一二月八日に催された花火大会です。この花火大会は、単に大玉を打ち上げ、仕掛け花火に点火するといったものではなく、大がかりな舞台を設置し、ギリシア・ローマ神話の神々や怪物に扮した俳優たちが多数、しかも主役はクレーンを使って登場して、結婚と王家とオーストリアを祝福するための寓意が花火によって音響効果を伴い演出される、というものでした。花火大会というよりは、花火の場面が主な見せ場となる寓意劇でした（七三頁からの図）。

まず花火で祝宴を催すにあたり、火はギリシア世界から伝わる万物の構成原理——火、土、風、水の四大——のひとつとして、特別な意味を持たされています。「喜びは火と同じく隠れなきものであるので、火は喜びの象徴でありその手本」[*8]である、そのために、結婚を祝い喜ぶ火は、風の支配する天空（ゼウス）から点火され、地上で燃え立ち、また天上へと向かって花火として立ちもどる、という訳です。

花火のための舞台は、当時のウィーンの王宮が面する堀につきでた稜堡

＊7 （承前）やハプスブルク家の祝い事に際しての装飾のほか，舞台芸術と衣装さらには，（仮設）劇場そのもの建設も含まれた．ロドヴィーコ・ブルナチーニは，『黄金の林檎』上演のために，宮廷劇場である喜劇場（Komödiehaus）を設計した（1668 年建立，83 年撤去）．木造建築の喜劇場は，65×27 メートルの規模で，約千人を収容できた．

＊8 Von Himmeln entzündete und / Durch allgemeinen Zuruff der Erde / sich Himmelwerts erschwingende Frolockungs // Flammen. 1667, S.4.

部分（今日のホーフブルクがある辺り）であり、ここの前面にエトナ山とパルナッソス山、つまりはローマ世界とギリシア世界を代表する二つの山がそれぞれ高さ一八メートル、幅六五メートル、互いの距離一三〇メートルでしつらえられました。このふたつの山に挟まれて奥に見える婚礼の神の神殿は、高さ十メートル（中央ドームの最頂部二八メートル）、幅七〇メートルの大きさで、これらの構造物すべてに花火が仕掛けられたのですから、その壮大さは今日でも想像するのに難しくないでしょう。以下、図版付きの記録にもとづいて、花火を伴う寓意劇を再現してみます。

（七四頁）催しは、皇帝の新妻マルガリータがロケットに点火して始まった。ロケットは糸で導かれて広場に待つメルクリウスの松明に届き、火がともされる。メルクリウスはこの火が皇帝の結婚を祝うために天上の神々から地上にもたらされたと告げ、この松明によって約五〇〇発のロケット花火と三〇発の大砲が発射されて全世界の歓喜を表現する。続いて、エトナ山から丸星の花火がけたたましく立ち上り、麓の穴の中では火の神ウルカーヌスたちが武具を鍛えているのが見え、あわせて三千発の小銃が発射され、辺りは轟音に包まれる。そこへ愛の使者クピードーが遣わされて、彼らを追い払い、武具を粉々に打ち砕いてこれを材料に金の結婚指輪を作り出す。クピードーは指輪を掲げて飛び立ち、これを永遠の幸福の印として指輪とともに天へと帰って行く。さらに今度はパルナッソス山

マッテーウス・メーリアン（子）による
花火の寓意劇描写（銅版画）

の頂上から星形の花火が何千と打ち上げられ、これに和して奏でられる音楽に合わせて、芸術と文化の女神たちである九柱のムーサたちが合唱し、喜びを表す。そしてトランペットとティンパニーが高らかに鳴り響く。

（七五頁図右）二つの山に挟まれた広場の中央には二つの鳥居のような門が立っているが、これらはそれぞれがレーオポルトとマルガリータその人を表し、上にいただいたハートが結婚の神によって点火されるという趣向である。するとまたエトナ山の方からケンタウルスの一軍が降り下ってきて、これは禍と厭わしいものの寓意であるが、ユピテルから遣わされるヘラクレスが彼らを駆逐し平和を得る。これに続いて今度は紋章にてオーストリアとスペインの王家を表す塔からそれぞれ千発のロケットが発射され、塔の上に仕掛け花火でＶＡ（Vivat Austria オーストリア万歳）とＶＨ（Vivat Hispania スペイン万歳）の文字が浮かび上がる。さらに塔の脇でそれぞれ花火が打ち上がり、そこにＶＬ（Vivat Leopoldus レーオポルト万歳）とＶＭ（Vivat Margarita マルガリータ万歳）の文字がまた現れ、トランペットとティンパニーが奏でられる。

（七五頁図左）奥に控えた結婚の神ヒュメーナエウスを祭る神殿を照らし出すように無数の花火がともる。天がこの結婚を嘉する証としてユピテルは空から鷲を送り、これによって神殿中央に位置する祭壇に火がともり、さらにそこから花火が高く打ち上げられる。ここに至って神殿中央ドームの上に燃える炎の中にフェニクスが登場するが、これは、臣下と臣民を

花火の寓意劇の開幕

守護する慈しみ深きローマ皇帝の象徴とされる。今や神殿を飾るピラミッドと柱（それらはオーストリアの王家の支配する国と所領の象徴とされる）すべてから花火が打ち上がり、結婚の喜びを最大限に現す。神殿を飾る像三九から計二万発、三三のピラミッドから計二万二千発、二七の柱から計二万七千発の打ち上げ花火とロケットが発射され、さらにその上、合計三千発の花火が全体を照らし出すために打ち上げられ、あわせて数千のロケットが轟音を響かせた。打ち上げられた花火とロケットの総数は七万三千発であった。最後に三百の大玉が打ち上げられて、AEIOU（Austria Erit In Omne Ultimum オーストリアは万事において最高であれ）の文字が浮かび上がった。その間に勝利を合図する大砲が十発放たれ、あわせて数千発の榴弾が炸裂し、さらに三百発のロケットがこれに続いた。最後に三百発の大砲が発射され、これが皇帝愉悦の花火大会の掉尾を飾った。

戦争のための武具はかくして祝宴のための道具となりましたが、それもそのはず、三十年戦争後に設立された常備軍の最高司令官であるエルンスト・アーベンスペルク・ウント・トラウン伯爵（一六〇八—一六八年）が、この花火大会の総指揮者でした。[*9] 大小の砲弾を発射する代わりに花火玉が打ち上げられ、破壊のためではなく、その代わりにお祝いのために火が用いられたのでした。三十年戦争で培われた砲弾の技術が結婚のお祝いのた

＊9　Vgl. ebd., S.6.

花火の寓意劇

めに転用された形です。

さて、レーオポルトはマルガリータとの結婚にあたり、花火による寓意劇を開催しましたが、ギリシア・ローマの神話の寓意を演出の基本としています。カトリックの守護者であるローマ皇帝であるはずなのに、それはなぜでしょうか。

レーオポルト一世は、太陽王ルイ十四世と覇権を競って、自らがローマ帝国の正統なる後継者であるのを演出しようとした、とする説があります[*10]。そうであるならば、ギリシア・ローマ神話が、王家の存続と発展の機会である結婚に際して格別の好意を示すのには必然的な意義があることになります。

またローマ皇帝はローマ帝国の後継者ですから、ローマの神話世界との繋がりが求められると、考えることができます。実際にローマ皇帝は、図像的には鷲、しかも双頭の鷲によって表され、鷲はユピテル（＝ゼウス）の従者なのであれば、同じ鷲というアレゴリーを通してゼウスとローマ皇帝とは結びつくことになります。そして、この花火の祝宴においても鷲は登場し、ゼウスの祝福をレーオポルトとマルガリータの結婚は受けるとして演出されたのでした。

騎馬バレエによる寓意劇『風と水との戦い』

年が明けて四大はまた新たにとりあげられて、レーオポルトとマルガ

＊10　ジャン＝マリー・アポストリデス（水林章訳）：機械としての王，みすず書房 1996 年、81 頁参照.

ベンヤミン・フォン・ブロック『レーオポルト一世の肖像』（1672 年）（右）
ベラスケス『女官たち』（1656 年）（左）

リータの結婚を祝う寓意劇のテーマとなります。宮廷詩人フランチェスコ・ズバッラ（Francesco Sbarra, 一六一一―六八年）による台本、宮廷楽団長アントーニオ・ベルターリ（一六〇五―六九年）[*11]の作曲により、ウィーンのホーフブルクの中庭で開催されたのが、騎馬バレエによる寓意劇『風と水との戦い』（La Contesa dell'Aria e dell' Acqua, 一六六七年一月二四日）です。以下にまた図版とともに再現を試みますが、寓意劇の台本はイタリア語です。

ギリシア神話のアルゴー船の山車が入場して、栄誉（と噂）の神が戦の始まりを告げる。風と水とのどちらが美しい真珠を生み出したのか、それを戦によって決しようというものであった。真珠はバロックの符丁そのものであるが、ここではマルガリータそのひとを暗示している。というのも、この女性名の意味は、「真珠」だからである。四大のうち、風と火、そして水と土とがそれぞれ陣営を形成し、勝利した側にアルゴー船の乗り手たちから勝利の印として金羊毛が与えられる。四大の元素の一団は、それぞれ、山車一台とコーラス約四〇人、騎馬の指揮者一名及びその下士一二人、各六人の下士を率いる七名の騎士、ティンパニーとトランペットの奏者からなる。コーラス同士の間で真珠をめぐる歌合戦が行われ、決着は、四大の各陣による（模擬）戦闘によってつけようとなる。最後には「永遠《エテルニタ》」の殿堂がせり出して戦いをやめさせる。

＊11　ヴェローナ生まれ．1625 年からウィーンの宮廷楽団のヴァイオリニストとなり，49 年に宮廷楽団の長となり，数多くのオペラやオラトリオを作曲した．

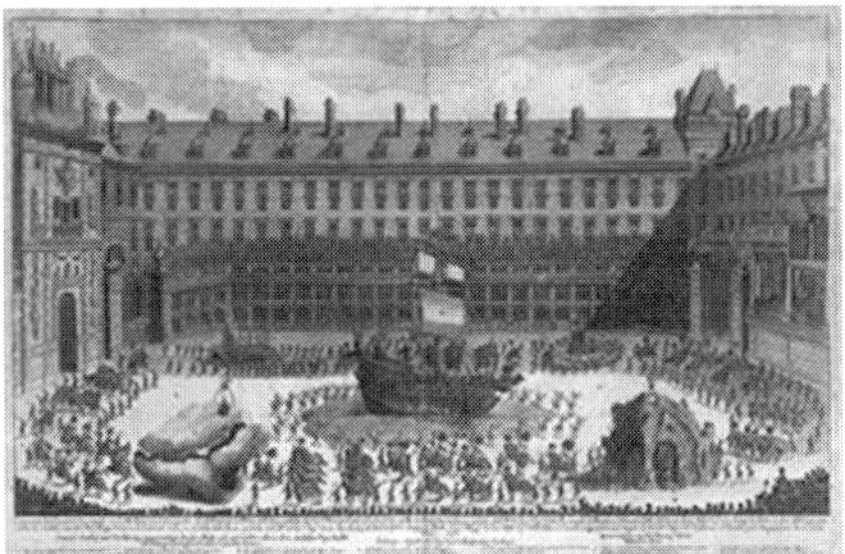

アレッサンドロ・カルドゥッチによる騎馬バレエ『風と水との戦い』の入場シーン（1667 年）

永遠《エテルニタ》：紅《くれない》の海が寄せては返しつつ
その豊かな貝殻たちの中に、
王国の真珠《マルゲリータ》という
王家の中の大いなるものの高き幸運の中に迎え受け入れられたとき、
天はその真珠《マルゲリータ》をレーオポルトのものと定めた。
かの不滅のオーストリア家の偉大なる子孫にして
その輝く有徳さ故に、神の意志による秩序が
ローマ帝国の王座を保証するかの方のものと。*12

これに続いて皇帝の従者たちとレーオポルト本人が騎馬にて登場し、さらに「栄誉《グロリア》」の山車が入場して言う、

栄誉《グロリア》：このふたりの王の精神の中に栄光と美徳とはその座を占める。
あらゆる他のものに卓越する心と、
オーストリア王家の、この崇高なる魂との中に。
この王家の有徳さには神の意志によって、最も美しい真珠の第一の名誉
が与えられるにふさわしい。
比類なき天の贈り物、
マルガリータ王女という宝石によって飾られるこの時、
王家の美しい王座は、他のすべての上に光り輝くがよい。*13

＊12　Francesco Sbarra: La contesa dell'aria, e dell'acqua. Festa a cavallo rappresentata nell'augustissime nozze delle Sacre, Cesaree, Reali M. M. dell'Imperatore Leopoldo e dell'Infanta Margherita delle Spagne, Vienna d'Austria 1667, F 2.

「永遠」の殿堂のシーン
（＊12の書より）

そして皇帝レーオポルト自身とその騎士団とが隊列を変化させてさまざまに陣形を描き、華麗な騎馬バレエを演じて大団円となりました（費用：三五万グルデン＝一七万五千ターラー＝今日の通貨で約一七億五千万円）。

オペラ『黄金の林檎』

レーオポルトとマルガリータの結婚に関わる祝典として、ブルナチーニに劇場を新設させてまで行ったのが、上演に二日間八時間を要した一六六八年七月に演ぜられたオペラ『黄金の林檎』（Il pomo d'oro）です（総費用：三〇万グルデン＝約十五億円）。台本はフランチェスコ・ズバッラ、音楽は、ヴェネチアで成功を収めた当代随一のオペラ作家ピエートロ・アントーニオ・チェスティ Pietro Antonio Cesti（一六二三—六九年）で、いくつかのアリアはレーオポルト自身が作曲を行いました。[*14] この時代の特徴として宮廷で演ぜられるオペラはイタリア語でした。その模様は宮廷銅版画師マッテーウス・キューゼル Mattäus Küsel（一六二九—八一年）のエッチングにより今日に伝わっています。オペラの主題は、ユーノーとパラス・アテーナーとウェヌスとがその美しさを競って争い、トロヤの王子パリスに審判を仰いだというギリシア神話に基づきますが、そのスケールはパリスがヘレネを誘拐して始まったトロヤの没落を描く『イーリアス』を凌ごうとするほどです。地下世界のプローセルピナの不満が天上世界の女神たちの間にもたらされ、女神たちはそれぞれが神々や神話の存在に働

大団円の騎馬バレエの様子．中央がレーオポルト（＊12の書より）

＊13　Ebd., H.

＊14　Vgl. John P. Spielman: Leopold I. Zur Macht nicht geboren. Graz; Wien; Köln 1981, S.54.

きかけて、人間と世界の存立する秩序を揺るがすことになるからです。女神たちはあらゆる術を尽くして、パリスから勝利の印である林檎を手に入れようと努めますが、このオペラでは最後にはユピテルに決めてもらおうと女神たちはせがみます。

ユピテル：問題のあの林檎は、最高の女性、
最も偉大なる主役の女性、太陽の大きな目が
二度とは見ることがないであろう、かの方のための
ものとすることを望む。かの方こそは
最も輝かしく崇高な人々の
嫁君にして子孫、
二つの偉大なる王朝の一番の王笏が支えるに違いない方。
かの方の中に賞賛するが良い、ユーノーよ、そなたの栄光を。
天体の光の輝きを放つあの王冠のゆえに、そして彼女の魂の中に
運命の女神パラスよ、
そなたの神聖なる天分を、そなたの定めとして
見とれるが良い。
そして彼女の美しさのなかに、愛の美しき母（ウェヌス）よ、
そなたの本当の姿を見る喜びを感ずるが良いのだ。
ユーノー：すると彼女の中にそうした美質が合わさっているというの？

マッテーウス・キューゼルによる地下世界の場面（銅版画，右），オーストリアの所領を擬人化して左右に配置し，真ん中に支配者である皇帝レーオポルト一世を据える演出の場面（左）

ユピテル：無敵の王たち、王家と皇帝たちから出た
最も神聖なる花嫁にして、娘であり、母となるであろう彼女、
思慮深くして、ユーモアにあふれ、
完璧に美しい彼女に黄金の林檎を授けるならば、最後には
このような争いも消えて、そしてお前たちも皆満足を覚えるだろう、
絶対に欲しかった勝利を獲得したと。
そしてお前たちの栄光が彼女の中でひとつになったとするならば、
お前たちのおのおのが、
訴訟は彼女の美質ゆえに勝訴となったと言うことができる。[*15]

この後、天空でユピテルとユーノーが左右に分かれることによって、その間にレーオポルトとマルガリータが登場し、彼らの両側には歴代の皇帝たちが並ぶ、という演出がなされます。その姿を神々が満足げに眺め、ユーノーとパラスとウェヌスはそれぞれ、空と大地と海の喜びの印として風の精、（地上の）若者たち、（水の）優美な怪物たち（＝セイレーンとトリトンたち）を登場させ、その彼らのダンスとともにオペラは終幕します（図参照）。

かくして、ギリシア・ローマの神話で女神たちが担うそれぞれの性質、つまりは偉大さと知性と美とが、王家の末裔である現実の個人マルガリータの中に具現しているとの結論が、このオペラの壮大な仕掛けと演出を通

＊15　Francesco Sbarra: Il pomo d'oro. Festa Teatrale Rappresentata in Vienna per L'Augustissime nozze delle Sacre Cesaree e Reali Maesta di Leopold, e Margherita. Vienna d'Austria 1667, S.153f.

して導き出され、観客に印象づけられます。このように祝祭の中の寓意には、美徳の擬人化された表現である神々が王侯個人を讃えることにより、目に見える形で王侯個人の神格化を図る、という狙いがあります。そしてローマ皇帝としてのレーオポルトの結婚が、キリスト教世界に対して持つ意義は、レーオポルトのハプスブルク家が深い関係を持ったイエズス会によって、演劇を通して視覚化されています。

高山右近劇

一六六六年レーオポルト一世とマルガリータの結婚を祝してウィーン大学付設劇場にてイエズス会の学生と教師たちによって上演されたのが、高山右近の追放を描いた劇です。高山右近（一五五二頃―一六一五年）は戦国期のキリシタン大名であり、また洗礼名ユスト Justo を名乗ったキリスト教徒です。摂津高山に生まれ、家族とともに一二歳の時に洗礼を受けました。戦乱の世にあって和田惟政、荒木村重、織田信長、豊臣秀吉に仕えましたが、一五八七年、秀吉によるキリシタン禁令を受けて、領地を捨てて流人の境遇に入ります。一五九〇年から前田利家の元で客人となり、加賀に仮寓して関ヶ原も経験しました。幕府による一六一四年のキリシタン追放令をうけて、同年一一月長崎を出てスペイン領のマニラへと亡命し、まもなく同地で没しました。日本でキリスト教に殉じて地位を捨て流人と

メルヒオール・キューゼルによる銅版画（1667年）

なった右近は、キリスト教世界では、偶像崇拝と現世の富と名誉とを捨てた殉教者とみなされ、二〇一七年に列福されました。

追放の様子は、リスボン生まれのイエズス会士ルイス・フロイスの『日本史』（一五八三―九四年執筆）によって知られますが、その内容は当時すでにイエズス会の本部であるローマにも送られていました。

イエズス会はラテン語劇の上演を教育の手段として用いていましたが、レーオポルトの結婚に際して祝福のための演劇を上演し、その題材として、マルガリータがスペイン王家の出であるのを縁として、またカトリック・キリスト教を守護するローマ皇帝の威光が世界の果てまでも及ぶことを示すために、戦国期の日本を舞台とした高山右近の追放を主題として選び、これを劇として上演したのでした。『名誉と敬虔との結婚、あるいは信仰ゆえに追放された良き人、日本の領主ユスト右近』（表紙は次頁の図）と題されたラテン語劇は、教義に基づき一夫一妻制を唱える右近が、秀吉の不興を買って追放されるまでを描きます。

内容

名誉ある日本の領主ユスト右近は、キリスト教を尊ぶために、敬虔にも偶像崇拝を廃した。偶像を携えて坊主たちは、日本の皇帝にあたる関白殿の、その妻に助けを求めた。彼女は彼らの誓願を皇帝に届けたがその甲斐がなかった。追放された坊主たちの一人である施薬院は、キリスト教徒に

落合芳幾『高山右近友祥』（太平記英雄伝九十二, 1867 年）

とっての禍と思われるが、その者は医術を生業とした。彼は籠絡によって関白の寵愛を得て、その怒りをキリスト教徒たちへと向かわしめた。それゆえ世間の目もキリスト教徒に対してきびしいものとなった。ユストにとっては追放か棄教かの選択しかなかった。昨日、名誉ある領主であった彼は、追放に身を委ねて今日、善良な物乞いとなり、信仰のために喜んで追放されるのである。*16

序幕では、闇の息子たちと戦う教会の戦士たち《エクレシア・ミリタンテース》を勝利する天上の教会者たち《エクレシア・トリウムファンス》が励ましている場面が演出されます。オーストリアの黄金の城とそこから教会のイスパニアの塔が立ち上がり、この二つから応援がなされます。つまりそれは最も聖なる人々の結婚が名誉と敬虔との新たな結婚を意味し、このようにして闇が去り、新たな光がキリスト教世界を照らし出すと暗示されるのです。*17 その後、引用した内容の劇が始まりますが、幕間に、マルガリータの輿入れまでのエピソードがはさまります。

最終場でユストは追放の決定を受け取り、彼は喜んで追放されます。その後のエピローグではマルガリータが帝国の鷲の冠をいただいて、それによってオーストリアの教会の人々は、永遠の指輪によってイスパニアと結婚するとされ、キリスト教世界の願いが唱えられつつ幕となります。*18

序幕で「戦う教会の戦士たち《エクレシア・ミリタンテース》」と「勝利する天上の教会者たち《エクレシア・トリウムファンス》」とが演出されるように、劇では地上世界と天上世界とが構造的に存在することが

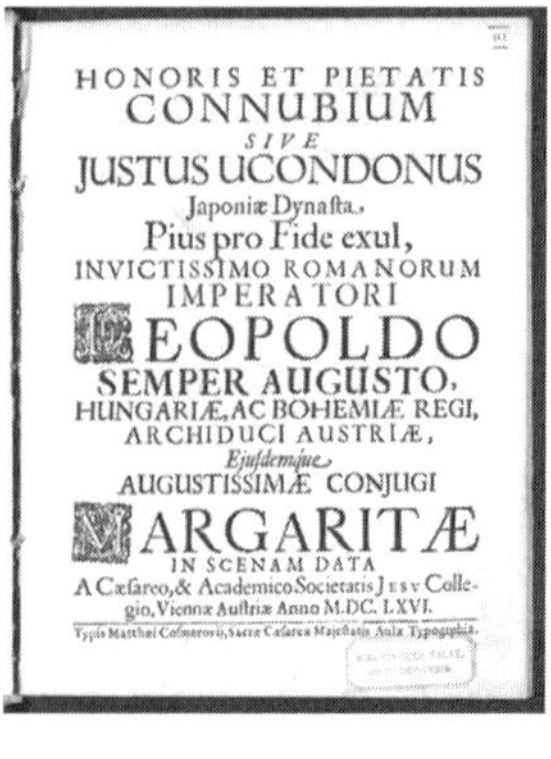
HONORIS ET PIETATIS
CONNUBIUM
SIVE
JUSTUS UCONDONUS
Japoniæ Dynasta,
Pius pro Fide exul,
INVICTISSIMO ROMANORUM
IMPERATORI
LEOPOLDO
SEMPER AUGUSTO,
HUNGARIÆ, AC BOHEMIÆ REGI,
ARCHIDUCI AUSTRIÆ,
Ejusdemque
AUGUSTISSIMÆ CONJUGI
MARGARITÆ
IN SCENAM DATA
A Cæsareo, & Academico Societatis JESU Collegio, Viennæ Austriæ Anno M.DC.LXVI.
Typis Matthæi Cosmerovii, Sacræ Cæsareæ Majestatis Aulæ Typographi.

オーストリア国立図書館に所蔵されるパンフレット

*16 Honoris et pietatis connubium sive Justus Ucondonus Japoniae Dynasta, Pius pro Fide exul, Viennae Austriae. 1666.

*17 Vgl. ebd.

*18 Vgl. ebd.

視覚化されます。その天上世界の存在者たちと同格のものと見なされるのが、地上の君主であり、スペインのマルガリータとレーオポルトの結婚はキリスト教世界の強化と発展とを意味し、それが劇の中の悲劇を救済するものとなるようにと願われているのです。王侯の喜ばしい結婚が劇の外枠を構成することにより、王侯は、同じように外枠にいる存在として最初に提示された天上世界の存在者たちに準えられることになります。こうしてレーオポルトとマルガリータとは、劇を見下ろす上側、すなわち現世を超越する場所にいる、と演出されるのです。

第6章　バロックⅡ

ドイツ語圏のバロック建築

ヴュルツブルクは古来フランケン地方の要所であり、七世紀末にこの地で殉教した聖キーリアーンを祭る巡礼地として栄えた古都です。八世紀以来司教座となり、十二世紀から司教が君主としてこの地を治めてきました。ともに殉教した仲間とともに、聖キーリアーンの聖遺物はヴュルツブルクの大聖堂に安置されていますが、同地のノイミュンスターの方では、彼らフランケン聖人の像を、ドイツ近世における最も重要な彫刻家ティルマン・リーメンシュナイダー（一四六〇―一五三一年）による彫刻で（二十世紀のコピーですが）見ることができます（図参照）。

古都ヴュルツブルクにバロックの刻印を与えたのは、やはり司教領主たちです。一六九九年からこの地を治めた司教ヨーハン・フィリップ・フォン・グライフェンクラォ Johann Philipp von Greiffenclau（一六五二―一七一九年）は、もとはロマネスク様式であったノイミュンスター（＝司教座新教会）の西側ファサードをバロック様式に改めさせました（一七一六年完成）。ファサード面は水平方向から、そして垂直方向から眺めても円弧が見て取れます。ファサード面に円の性質が意のままに重ね合わされて

フランケン聖人の像（ノイミュンスター）

ノイミュンスター（ヴュルツブルク）のファサード

湾曲が生じていると考えるならば、やはりこれも、プロポーションを利用して任意のひとつの全体を構築した、バロックの特徴的な建築物と理解することができます（前頁の図）。またグライフェンクラォの後を襲ったヨーハン・フィリップ・フォン・シェーンボルン（一六七三―一七二四年）は、バロック期を代表する建築家となるバルタザール・ノイマン（一六八七―一七五三年）に設計させて、今日世界遺産に登録されている宮殿の礎を築きました。宮殿建築は一七二〇年に始まり、四〇年に完成しました。ヴュルツブルク宮殿は、図版のとおり、ウィーンの皇帝の宮殿にひけを取らない、ドイツ語圏随一の堂々たるバロック建築で、背後に控える庭園もまた、幾何学的模様を植生と区分けとで浮かび上がらせる、イタリア由来のバロック式です。

ヨーハン・フィリップ・フォン・シェーンボルンについて一言記しておくと、その祖父の兄が同名でヨーハン・フィリップ・フォン・シェーンボルン（一六〇五―七三年）といい、この人は三十年戦争の時代に傑出した外交官として活躍し、その功によってヴュルツブルクとヴォルムスの司教、そしてマインツの大司教にまで出世しました。このヨーハン・フィリップ（祖父の兄）は、その父がマインツ大司教の一官吏であったのに過ぎないのですから、一介の宮廷伯爵からマインツ大司教＝選帝侯かつ帝国首相にまで異数の出世を遂げたことになります。さて、司教であれば妻帯は許されず、この地位を直系の子孫に譲ることはできませんので、ヨーハ

＊1　こうした甥への地位の継承をドイツ語でネポティスムスNepotismusといい，これはラテン語で子孫や甥を意味するneposから生まれた言葉で，「縁故主義」をさす．フィリップ・エアヴァィン自身は，トリーア，マインツ，ヴュルツブルクの（大）司教を歴代務めたグライフェンクラォ家のウルズラ（1612-82）と婚姻関係を結んでおり，グライフェンクラォ家にとっても司教職を取り戻す機会だった．

ヴュルツブルク宮殿

ン・フィリップ（祖父の兄）は自分の弟であるフィリップ・エアヴァイン（一六〇七―六八年）の息子たちに司教職を委譲する手はずを整えました。*1 フィリップ・エアヴァインの子、ロータル・フランツ（一六五五―一七二九年）は、一六九三年にバンベルクの司教、九五年にはマインツの大司教となり、さらに九九年にヴュルツブルクの司教職をも得ようとしましたが、これは果たされませんでした。その代わりにロータル・フランツの母方のいとこにあたるヨーハン・フィリップ・フォン・グライフェンクラォ（一六五二―一七一九年）が九九年にヴュルツブルクの司教となりました。そしてロータル・フランツの兄にあたるメルヒオール・フリードリヒ（一六四四―一七一七年、マインツ司教の宮廷大臣）の息子ヨーハン・フィリップ（一六七三―一七二四年）が、叔父のいとこにあたるヨーハン・フィリップ・フォン・グライフェンクラォ・ツゥ・フォルラーツの死後にヴュルツブルクの司教職を継いだという訳です。まさに縁故主義よろしく、そして結局は二つの貴族の家の間で、司教職をうまくバトンタッチしており、これはネポティスムスの典型と言って良いでしょう。そして最後に登場した、同名の二人のヨーハン・フィリップが、ドイツ語圏で指折りのバロック宮殿をヴュルツブルクにつくらせたことになります。

ヴュルツブルク宮殿の天井画

歴代の司教が住居とした宮殿内装と調度の豪華絢爛さは圧倒的ですが、

ヴュルツブルク宮殿の階段の間

この宮殿の最大の見所は、建物の中央部分から入ってすぐ左手にある吹き抜けの階段の間です。世界最大（一九メートル×三二メートル）ともされる階段の間は、真ん中から上がっていって、つきあたりで両方の側に折り返してそれぞれ二階へといたりますが、天井部分にはジャンバッティスタ・ティエーポロ（一六九六―一七七〇年）によって一七五二年から翌年にかけて描かれたフレスコ画があります。この天井フレスコ画は階段の間が持つ天井への奥行きを利用したクアドラトゥーラに近い表現となっています。テーマは、フレスコ画の施主であるヴュルツブルク司教カール・フィリップ・フォン・グライフェンクラォ（一六九〇―一七五四年）――彼もまたヨーハン・フィリップ・フォン・グライフェンクラォ（一六五二―一七一九年）の甥にあたります――を讃えるものですが、その仕掛けは、宇宙規模の壮大さです。フレスコ画が壁面に接する飾りぶちの上の四方には、司教の帽子と杖とによって擬人化されたヨーロッパ、そして象、ラクダ、鰐の上にそれぞれ座した、同じく擬人像のアジア、アフリカ、アメリカが描かれています。画の中で中央からややずれたところに、ひときわ明るく描かれているのが、光線を放ち、太陽と同一視されるアポロンであり、左手には（一説にはヘラクレスとされる）[*2] 黄金の像を掲げています。アポロンを渦の中心とするように、マルス、ウェヌス、メルクリウスが描かれており、それはそのまま火星、金星、水星の象徴を兼ねています。ヨーハン・フィリップはヨーロッパの上に額に入れられた肖像画として描

＊2　Vgl. Peter Stephan: »Im Glanz der Majestät des Reiches«. Tiepolo und die Würzburger Residenz. Die Reichsidee der Schönborn und die politische Ikonologie des Barock. Tafelband, Weißenhorn 2002, S.45.

かれています。彼の左上にはユピテルと覚しき存在が描かれており、ヨーハン・フィリップを神々の王であるユピテルに、あるいは、アポロンの左手に掲げられる黄金の像そのものに準えることにより、彼の栄光と美徳とが大いなる宇宙の中で普遍的なものであるのを演出していると考えることができるでしょう。

なお、惑星の擬人的表現であったとしても、異教的な神々をこのように登場させて司教を讃えるというのは、本来一神教であるキリスト教との間では矛盾を来しているようにも見えます。しかし、むしろここにはヴュルツブルク司教の君主としての側面をより強く見るべきと考えられます。ヴュルツブルク司教というのは、今日の広島県の面積に相当する領域全体の支配者であり、神聖ローマ帝国の中でも巨大な司教領です。君主というものは、すでに見たウィーンの皇帝の場合にも特徴的でしたが、ギリシア・ローマ神話という異教の神々をこそ、自らの権威を誇示するための道具として用いました。そしてそのような君主と異教の神々との関係こそが、バロック的であると見なすことができるのです。

ドレスデン――聖母教会

バロック時代における君主とギリシア・ローマ神話の神々という組み合わせは、ドイツ語圏の様々な地域に見出すことができます。そこでザクセン選帝侯アルベルティン系ヴェッティン家の都ドレスデンに目を向けてみ

ヴュルツブルク宮殿の天井画

ましょう。まずはバロック建築のもうひとつの例を見ておくと、新市場《ノイマルクト》に立つ聖母教会は、ドレスデンのランドマークであり、これもまたドイツ語圏バロックを代表する建築物です。ザクセン選帝侯アウグスト強王（↓後出）の宮廷建築家ゲオルゲ・ベーア（一六六六―一七三八年）による設計で一七二六年に着工し、四三年に完成した聖母教会は、一九四五年の空襲で完全に破壊され、長らく瓦礫《がれき》の山でしたが、ドイツ再統一後から再建が始まり、瓦礫の中から再利用できるパーツを元の位置に戻しながら、二〇〇四年に再びもとの姿を取り戻しました。

デザインの基本原理は、薔薇窓に相当する円の任意の引き延ばしと組み合わせであるでしょう。それは平面図にも良く現れており、円とそれを囲む正方形とが垂直に立ち上がって全体が構成され、建物の中央ドームもそうした円から導き出されます。四面のファサードは大地を軸に四五度回転してまた四つのファサードをそれぞれ壁面に付け加えています。全体と部分との調和というルネサンスの建築の思想ではなく、部分にある幾何学的図形の任意の組み合わせによる全体の構成というバロックの建築の思想が、やはりここにも明瞭に浮かび上がります。

ところで、バロック建築は、イエズス会の教会建築に始まるカトリックの文化ではなかったでしょうか。このドレスデンの聖母教会は、名前こそ新教らしくはないのですが、歴としたプロテスタントの教会なのです。そのために内部の空間で主役となるのは、殉教者や聖人の像ではなく、何層

現在の聖母教会

にもアリーナ状に重なって座を占め、互いを見守る信者同士ということになっています。[*3] 神に向き合う信者同士の場、という点に、プロテスタントの側の建築の考えが現れていると見ることができます。が、この場所を構築する原理がカトリックから生まれたバロックであるのは、やはりひとつの折衷への意志がそこにあるからと考えることもできます。

アウグスト強王

というのも、建築家ゲオルゲ・ベーアが仕えた君主は、ザクセン選帝侯フリードリヒ・アウグスト一世（＝強王 August der Starke、一六七〇―一七三三年）であり、彼はルター派の守護者という歴代の祖先の方針にもかかわらず、ポーランド王に推挙されるためにカトリックに改宗した人であったからです。彼は、プロテスタントの領民を統べるザクセン選帝侯であり、また同時にカトリックの領民からなるポーランドの王でした。アウグスト強王のその立場からすれば、ゲオルゲ・ベーアの折衷案は好もしいものであったでしょう。

強健な肉体と怪力ゆえに、蹄鉄を折り曲げる特技があった、人呼んで「ザクセンのヘラクレス」、アウグスト強王の人生は華麗なるバロックの世界そのものです。次男として生まれ、王位継承の予定のなかったアウグスト強王は一七歳の時、当時の身分ある若者の常として「紳士の旅 Kavalierstour」、イギリス風に言えば、「グランド・ツアー grand tour」に出か

＊3　Vgl. Stephan Hoppe: Was ist Barock? Darmstadt 2003, S.201ff.

アウグスト強王（宮廷画家ルイ・ド・シルヴェストゥル〈1675-1760〉による肖像画）

けています。これは家庭教師とともに何年もかけて行うのが普通であり、学んだ外国語を完全なものとし、作法を洗練し、芸術と建築とについて教養を高めるのが目的でした。アウグスト強王ほどの身分であれば、偽名をつかって旅をするのですが、迎える側の宮廷・社交界は、どこの誰であるかを知っていながら、プリンス扱いを儀礼上はしないというのが面白いところです。

アウグスト強王は、当時のザクセン宮廷の模範となっていたルイ十四世のヴェルサイユへと赴き、歴史、政治、フランス語は漫然と学ぶ一方、軍事施設訪問、軍事訓練にはことのほか興味を示しました。そのようにして半年ヴェルサイユに留学してかかった費用は全部で一六三三ターラー*4、質素な職人家族が一年を暮らすのに要する費用であった二五ターラーの、実に六五倍です。それからの旅はスペインを経て、ヴェネチアへ回り、最後には永遠の都ローマを目指す、ということになっていました*5。

一六九四年、すでに王位についていた兄が天然痘で亡くなったために、アウグスト強王は王位を継承しました。その彼が、大いなる野心を示したのは一六九七年のポーランド王選挙に際してです。彼は、周囲の強国に脅かされるポーランドを守護するための軍隊、要塞、艦隊と武器とを用意するための国庫実に二千万ターラー*6をポーランド貴族たちに約束しました。そのためにザクセン領内の領地と官職を一部売り払い、所領の諸都市からは強制的に借りあげ、さらに宮廷ユダヤ人からは必要となる額の半分をか

*4　Vgl. Katja Doubek: August der Starke. Reinbek bei Hamburg 2017, S.14.

*5　いわゆるグランド・ツアーの最終目的地はローマであるのが普通であった.

*6　今日の価で，約２千億円に相当する.

き集めて、実際にこれを捻出したのでした。そしてアウグスト強王はカトリックの国であるポーランド王となるために、プロテスタントからカトリックに改宗し、同年アウグスト二世としてポーランド王につきました。

王子とハプスブルクのお姫様の結婚

君主とギリシア・ローマ神話との関係が誇示されたのは、祝祭の時でした。祝祭こそバロック文化の華というものですが、後継者となるフリードリヒ・アウグスト二世（一六九六―一七六三年、後のポーランド王アウグスト三世）とマリア・ヨーゼファ・フォン・ハプスブルク（一六九九―一七五七年）との結婚に際し、アウグスト強王は「七惑星の祝宴」と呼ばれる一連の祝祭を一七一九年九月に行いました。

九月二日、マリア・ヨーゼファが、特別にしつらえられたブチェンタウロ、すなわちヴェネチア総督のものに模した船に乗り、白と赤に着込んだ水夫たちの操るオランダ式ヨット一五艘、さらに飾り立てたヴェネチア式ゴンドラ百艘を従えて、隣町のピルナからドレスデンへと川をくだって登場して宴は始まりました。結婚式、大饗宴、オペラ、バレエ、闘牛、輪突き[*7]、喜劇と立て続けに祝祭が催された後、太陽（ソル＝アポロン）、マルス、ユピテル、ディアーナ（＝ルナ）、メルクリウス、ウェヌス、サトゥルヌスという、それぞれ星辰の神にちなんだ祭りが、曜日にあわせて行われました。太陽の祭りの日には、光との関連で花火大会、戦の神マルスの

＊7　疾駆する馬に乗って，吊された輪を突く競技．

日には、貴族たちによる武芸競技、四大のカオスとその秩序回復をテーマとしたユピテルの日には騎馬バレエ、狩猟の神ディアーナ（＝ルナ）の日には、エルベ川に放した獲物たちを狩る水上狩猟、交易と旅の神メルクリウスの日には、金細工師を始めとする職人たちの製品が屋台に並べられた上で、ペルシャ、トルコ、中国など各国衣装に仮装した参加者たちを強王夫妻が主人となってもてなす模擬大旅籠、愛と美のウェヌスの日には豊饒を祈願して、ご婦人方を乗せた馬車による輪突き大会とが、それぞれ豪華な衣装、背景装置、饗宴、芝居をともなって連綿と開催されました。

祝祭の頂点は九月二六日、ドレスデン郊外の谷で行われた「サトゥルヌスの祭り」でした。「サトゥルヌスの祭り」では、鉱山とこれに関わる労働者の、様々な工作機械、道具、衣装とが一覧に供される形で謁見のためにしつらえられたパヴィリオンの前をパレードしました。パヴィリオンの向かい側の谷の斜面には七惑星の記号が、錬金術的に対応する金属を現しつつ、太陽（＝金）を頂点として左側に、月（＝銀）、木星（＝錫）、土星（＝鉛）、右側に金星（＝銅）、火星（＝鉄）、水星（＝水銀）と、価値の高い順に配置されていました。この配置に対応する形で谷の麓、川の向こう側に、巨大な装飾画のパネルが置かれ、その画ではアポロンを頂点に、ルナ、ユピテル、サトゥルヌス、ウェヌス、マルス、メルクリウスが輪をなして、中央に位置するアルベルティン系ヴェッティン家の王家のマークを囲んでいます。王家は神々の庇護を受け、また神々に対応する金属の富を

サトゥルヌスの祭りでのパレードの様子．右がパヴィリオン，左がギリシア・ローマの神々の演出

領内の鉱山から掘り出す「幸福《フェーリクス》」を有している、とこれらの寓意とパレードからは読むことができるでしょう。

一連の祝祭にギリシア・ローマの神々が象徴として動員されたのには、それぞれの神に付与された神話的な意味と機能とが欠けることなくすべて王家ならびにアウグスト強王に備わっているのを示すためであったと理解されます。多神教の中の神々はそれぞれに役割と特性とがあるのですが、それら全てが合わさった万能の王であるという演出が、これら一連の祝祭によってなされ、そのような印象を招待した貴顕、各国大使、祝祭の演出者としても参加した貴族たちに刻印することが、重要な目的でありました。*8

ツヴィンガー宮殿

アウグスト強王による七惑星にちなんだ祝宴の舞台として（ユピテルとメルクリウスの日に）用いられたのが、ドイツ語圏のバロック建築のやはり代表として今日に残るツヴィンガー宮殿です。ツヴィンガーとは本来城の空濠《からぼり》を意味しますが、アウグスト強王はこの場所を祝祭と展示とのための専用の空間として計画し、宮廷建築家マッテーウス・ダーニエル・ペッペルマン（一六六二―一七三六年）に命じて一七〇九年から着工させました。すでに同じ年にこの場所で、デンマーク王フレデリク四世を招いて、ご婦人方を乗せた馬車による輪突き大会を行いましたが（図）、それはそ

＊8　一連の祝祭の費用総額は約 200 万ターラー．Vgl. Katja Doubek: August der Starke. Reinbek bei Hamburg 2017, S.100ff. 祝祭に関する情報の出典は Claudia Schnitzer: Constellatio Felix. Dresden 2014.

1709 年，木製の建築物で広場を囲って行われた輪突き大会の様子．背景には王宮も見える

の三年前にスウェーデンとの戦いに敗れていたアウグスト強王が捲土重来を期してデンマークとの同盟を試み、国力の充実ぶりをフレデリク四世に確信させて、同盟の約束を取り付けようとしたためでした。

ペッペルマンはプラハ、ウィーン、フィレンツェ、ローマ、ナポリ、そしてパリを視察して構想を練りました。そしてアウグスト強王は一七一九年の息子の結婚式の際の一連の祝宴のためにひとまずの完成を急がせました。最初に完成したのが、今日フランス・パヴィリオンおよび数学物理サロン、弓形ギャラリーとして名の残る北側の建築群です。これを背景として展開された、ユピテルの日の騎馬バレエが、画の通り伝わっています(図)。

造られた当初のこの建築群は、オランジェリー[*9]と呼ばれる、温帯植物を育成するための空間として利用されました。レモンなどの柑橘類やイチジク、オリーブ、月桂冠など、本来はアジアや、アルプスより南の地域で植生される植物を、床まである大きな窓と陶製タイルで覆われた暖房設備のある大部屋で越冬可能にし、またこうした植物をインテリアとしてこの場所を使って様々な催しを行ったのでした。南側と東側の建築群は一七二八年までに完成を見、また建築群に囲まれた空間は柑橘類などめずらかな植物と彫刻群によって装飾された、幾何学的造形のバロック庭園に姿を変えました[*10](次頁の図)。

オランジェリーは手狭となったため、濠の外に設けられた場所に移設さ

＊9　黄金の林檎に喩えられる．一年の内に何度も実を結ぶことから，愛の誠実さの象徴．アルプスより北では，費用のかかるレモンは富の象徴であった．

＊10　総工費は90万ターラーであったと伝わる．ちなみに聖母教会は28万8810ターラー．Vgl. Fritz Löffler/ Willy Pritsche: Der Zwinger in Dresden. Leipzig 1992, S.48f.

「ユピテルの日」の騎馬バレエ（1719年）

れ、ツヴィンガー宮殿自体は、アウグスト強王の意志により、今日の美術館ならびに自然史博物館のモデルと見なすことができる展示施設へと徐々に姿を変えていきました。

一七五五年に作成された解説書に基づいて当時のこの宮殿を巡回してみると、まず街に面した入り口Aから入場して中庭のバロック庭園に到り、そこから右へ振り返る形で階段部Dをのぼって入るのがドイツ・パヴィリオンEで、ここの大広間は銅版画コレクション、そこから出て弓形回廊《ギャラリー》Fは鉱石、さらに時計回りに弓形回廊Gへとわたると化石、次の大広間H（ここは今日の磁器パヴィリオン）が植物、そこを抜けると動物と人間の解剖標本の小部屋《キャビネット》、さらに自然学図書館を背後にしつつ王冠を頂く門Bへと向かう長い回廊L＋Mには動物標本、突き当たりには貝の小部屋N、その先が珊瑚の小部屋O、様々な測定機器を展示するための数学物理サロン（その地下には洞窟《グロッタ》P）と琥珀の小部屋Qとが続き、再び弓形回廊Rには動物標本、そしてかつてユピテルの日の祝祭の背景をなした壁パヴィリオンを抜けると弓形回廊《ギャラリー》Sがあり、そこは芸術品展示室《クンストカンマー》で、それがかつてのオランジェリー、現在のフランス・パヴィリオンの大広間Sにまで続きます。その大広間から宮殿の外を眺めれば妖精たちの沐浴場《ニュンフェンバート》と人工の滝《カスカーデ》が見られます。*11

ツヴィンガー宮殿を美術館および博物館とする構想はアウグスト強王に発し、その命を受けた侍医兼博物学者ヨーハン・ハインリヒ・フォン・ホ

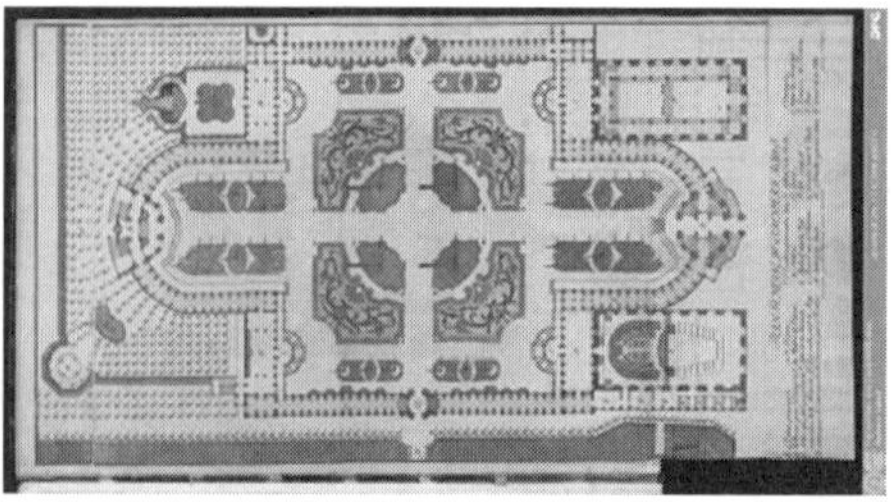

宮殿と庭園の平面図：Matthäus Daniel Pöppelmann: Vorstellung und Beschreibung Des von Sr. Königl. Majestät in Pohlen, und Churfl. Durchl. zu Sachßen, erbauten so genannten Zwinger=Gartens Gebäuden, Oder Der Königl. Orangerie zu Dreßden, In Vier=und Zwantzig Kupffer=Stichen. 1729.

イヒャー（一六七七―一七四七年）によって収集品が分類され、一七二八年から公開がなされました。先んじて、先祖代々伝わる芸術品、宝石や珍奇の品を展示する「緑の天井 Grünes Gewölbe」も一七二四年から博物館として公開されていました。これは一七五三年に始まる大英博物館の先駆けであり、ヨーロッパ随一のものでした。

アウグスト強王による、コレクションの整理および展示への意志は明確で、展示によって所有者である君主が絶対的存在として仰ぎ見られるのは当然の効果でした。また一方で、ツヴィンガー宮殿の場合のように、そこを一巡するならば自然世界の造物と人間の芸術作品とを一望にできるという、神にも等しい王侯の視点がはっきりと浮かび上がってきます。人間を含めた自然の造物をくまなく見渡し、しかも正しく認識するということもまた絶対的な権力の要求であるでしょう。ツヴィンガー宮殿が採用している事物の分類方法は、基本的にはホイヒャーの創意に基づくものの、バロックの時代を通して発達してきた事物を視る眼差しの延長線上にあります。この点を理解するために芸術品展示室《クンストカンマー》の歴史を眺めておきたいと思います。

バロックの見る文化――芸術品展示室《クンストカンマー》

驚くような珍しい様々な収集品を一室に展示する文化が、ヨーロッパの各地の都市で一六世紀半ば以降に見られるようになりました。こうした部

＊11　Vgl. Kurzer Entwurf der königlichen Naturalienkammer zu Dresden. Dresden und Leipzig 1755.

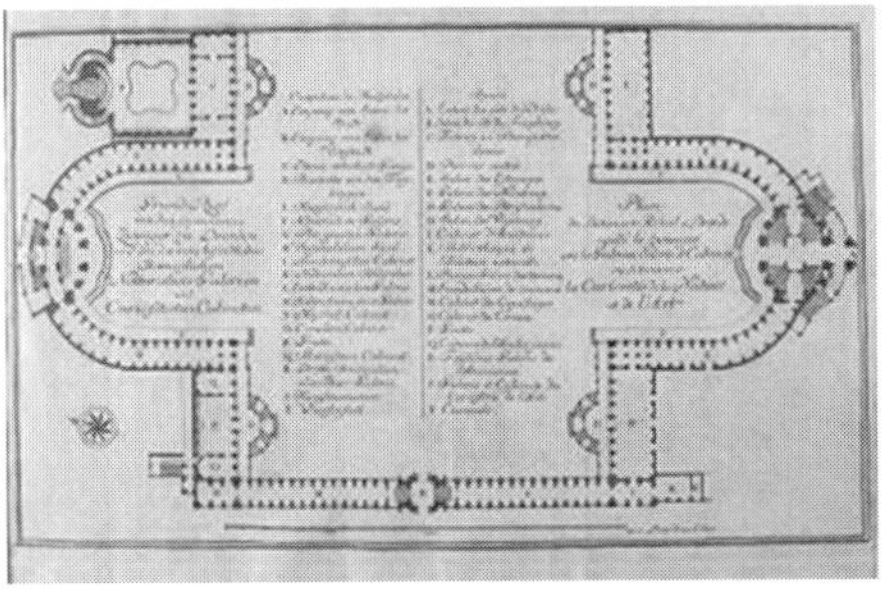

ツヴィンガー宮殿の平面図

屋をドイツ語で芸術品展示室《クンストカンマー》Kunstkammer、あるいは驚嘆陳列室《ヴンダーカンマー》Wunderkammerと呼びます。自然のものと人工物で珍しい物とが、特別にしつらえられた部屋にある家具の引き出しや棚、ファイルに収められて一覧に供され、訪問者を驚嘆させました。陳列されていたのは、芸術作品（絵画、彫刻）、骨董品、人工物（工具、測量機器、ミイラ、異国の産物）、自然生成物（動物の剥製、宝石、鉱石、植物、昆虫、貝殻、化石）などでした。

こうした収集熱が生まれた背景には、インド、アメリカへの航路が確立し、新大陸で発見された民族文化と、あたらしく発見された動植物の自然とが大量にヨーロッパに流入したことがあります。また別の要因として、宗教改革によって生じた宗教的、政治的な不安が背景にあると考えられ、自然物と人工物（過去も現在も、旧大陸も新大陸も）のあらゆる現象を一望にすることで、これらが生成される原理を把握しようとする試みが、クンストカンマーには現れています。

例えば、陳列物の定番である化石は、その形と姿のために、それが生まれる原理がよく知られていない時代にはやはり驚くべき物の代表でした。山の上や地中や海から離れた場所で見つかる貝の化石は、大洪水によって運ばれたもの[*12]、あるいは、空から降ってくる形のモデルのようなものが、大地の中に直接刻印されるのでは？とも考えられました[*13]（「自然の戯れ」説）。

地下グロッタ

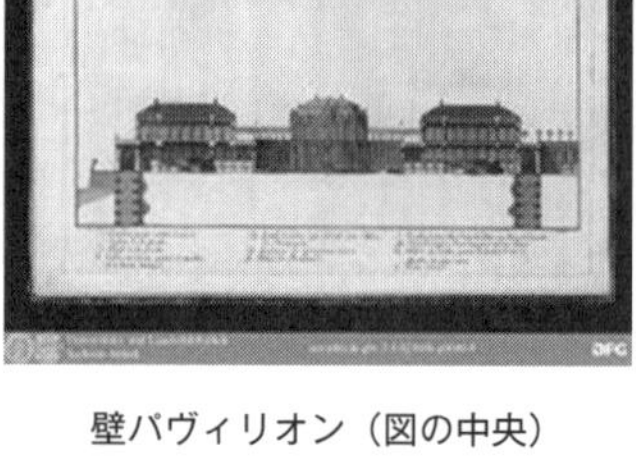

壁パヴィリオン（図の中央）

「化石」に対するこの荒唐無稽な考えは、実は地球および宇宙世界の全歴史がおおよそ六千年ほどであるという、バロックの時代に通用していた歴史感覚というものが大きく影響しています。その原因というのが、歴史の書としても最も権威ある聖書なのでした。聖書は、『創世記』に記されてあるように、神による世界の創造と人間アダムの創出、罪をおかしたアダムとイヴの、楽園からの追放と、その後の人類の歴史を唯一かつ一元的なものとして記しています。あらゆる人間はアダムの裔なのであり、アダムの裔は大洪水という選別を経て、その後全世界に散っていったと記しています。それは物語ではなく、事実であった、というのが、一九世紀初頭に至るまでの、ヨーロッパの人々が歴史について認識していることでした。そのためにノアの大洪水が発生したのは、神による世界の創造後、一六五七年、[*14]イエスが誕生したのは三九八三年であり、[*15]地球の年齢そのものがおおむね六千年前後であると見積もられていました。このような年号の数え方を創世紀元と言います。

「芸術品展示室」＝「驚異の部屋」が流行した当時の多くの人が、六千年という歴史の長さにとらわれていたために、有機物の石化したものが化石であるという今日の常識は、なかなか受け入れがたいものでした。だからこそ、「驚異の部屋」にあえて貝の化石を陳列して、人々を驚かせつつも、それがもともとは本物の貝であったことを教えるような教育的な狙いもまた、「驚異の部屋」をひとびとに見せるひとつのねらいでした。イタリア

＊12　こうした化石洪水原因説は，1681年にイギリスの王室付きの牧師トーマス・バーネット（1635-1715）によって『地球の神聖なる理論』という書の中で唱えられて以来，ひろく人口に膾炙した．

＊13　Vgl. Athanaius Kircher: Mundus subterraneus. Tomus II, Amstelodami 1678, S.41.

＊14　Vgl. Christophorus Cellarius: Kurtze Fragen aus der Historia universali. Von Anfang weltlicher Monarchien biß auf ietzige Zeiten gerichtet, welche sowol einen Unterricht vor die Anfänger, als auch insonderheit eine General-Repetition vor mehr Erwachsene darstellen. Zweite Auflage. Jena 1714, S.25.

のナポリで薬剤師兼博物学者として活動し、実際に「驚異の部屋」を開設したフェッランテ・インペラート Ferrante Imperato（一五五〇—一六二五年）は『博物学について Dell'Historia Naturale』（一五九九年）という書物を著して、その中で、鉱石、化石、珊瑚、動物、昆虫など、彼が「驚異の部屋」で陳列した（図参照）様々な事物について解説していますが、貝の化石についてはそれが今日の意味での化石であるとすでに教えています。[*16]

かつて存在した「驚異の部屋」はほとんどが消滅し、収集品もその多くがすでに散逸してしまいました。当時は必ずしも万人に開かれてはいなかったものの、様々な社会層の人間（女性も含む）が出会い交流する場でもありました。大きな都市には必ずといってよいほど見いだされた「驚異の部屋」は、グランド・ツアーのひとつの目標でもありました。展示物を配列する方法は異なるのですが、「驚異の部屋」は今日の博物館や美術館の始祖と位置づけられます。

バロック庭園

バロック時代の庭園は、フランスで創り出されたので、フランス式庭園ともいわれます。造園家アンドレ・ル・ノートル（一六一三—一七〇〇年）は、ルネサンス期にイタリアで発展した庭園の技術を集約的に発展させ、ルイ十四世のヴェルサイユ宮殿を代表とするバロック庭園を造り出し

フェッランテ・インペラート
『博物学について』（1599 年）

ました。[*17] 庭園面の中心から彼方へと伸びる主軸とこれを切り取る横軸、大花壇《パルテール》と小さな森《ボスケット》とによって対称性を基本に植生を含めて幾何学的な造形を施しつつ、それらの部分を任意に組み合わせてひとつの全体を形づくるのがバロックの庭園です。レーオポルト一世がウィーン郊外に造営させたシェーンブルン宮殿の庭園（一六九五―九九年）もル・ノートルの弟子によって造営されたバロック庭園です。

ヴュルツブルク宮殿の庭園は、カール・フィリップ・フォン・グライフェンクラォの次に司教となったアダム・フリードリヒ・フォン・ザインスハイム（一七〇八―七九年、在位五五―七九年）の時代に、宮廷造園家ヨーハン・プロコプ・マイアー（一七三五―一八〇四年）によって整えられました。

庭園に降りたってみると、幾何学的造営は遠近法的な構図として働き、緑色の庭園の自然は、消失点を持つフレームの中に収まるかのように感ぜられます。自然を秩序立てて眺めるこうした視点は、バロックの時代に特徴的なものの見方を現しています。リンネが採用した二名法は、属の名と種の名の二つの要素で簡潔に秩序立てて生物を分類する方法ですが、これはバロックの時代にバーゼルの博物学者ガスパール・ボアン（一五六〇―一六二四年）が『植物図録 Pinax theatri botanica』（一六二三年）の中で提案した方法でした。二名法とは、(x, y) の座標平面と発想は同じであり、これを自然ならぬ都市にあてはめて方眼型都市《クヴァドラーテシュタット》を建設した君主もいま

＊15　エノシュが190歳の時にケナンをもうけたとして，アダムの末の生誕時の年数を和してゆけば，ノアの生誕は創世紀元1642年となる．秦剛平訳：七十人訳ギリシア語聖書，講談社学術文庫2017年，31頁以下参照．

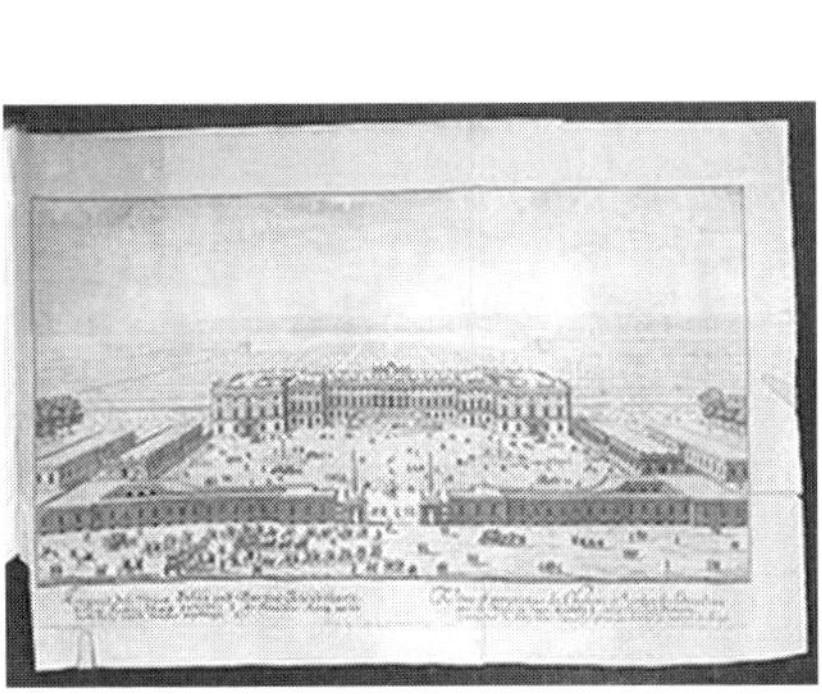

シェーンブルン宮殿

した。[18]

バロック文化の特徴

　ルネサンスに生まれた諸文化の発展がバロック文化の特徴です。そのルネサンスは人文主義、とはつまり古代の文献研究を通して生まれたのですから、ギリシア・ローマ文化の再生の第二段階と捉えることができます。建築の場合、幾何学的に構成される全体と部分との照応がルネサンス建築の特徴でしたが、イエズス会は、そうした照応のない、幾何学的な部分からなるひとつの任意の全体をつくりだして、それがバロック建築の基本的原理となりました。

　ルネサンスに生まれた遠近法は、クアドラトゥーラとしては、視覚的な眩暈が宗教的陶酔となるように考えられていました。こうした遠近法的な世界秩序の感覚は、王侯の眼差しとして、庭園とクンストカンマーにも現れました。王侯あるいは聖俗の君主を秩序の中心として権威づける試みは、主として様々な祝祭の機会に大変大掛かりな仕掛けと装置とをつかってなされました。その際には、ギリシア・ローマの神々がかつてもった様々な属性が、君主の属性としてすべて集まっているという演出がなされました。

　こうした秩序と権力の誇示は、三十年戦争後の時代の、大小の君主の覇権争いと重なります。豪華絢爛、華麗なバロックの文化とは、地上世界を

＊16　Vgl. Ferrante Imperato: Dell'Historia Naturale, Napoli 1599, S.665.

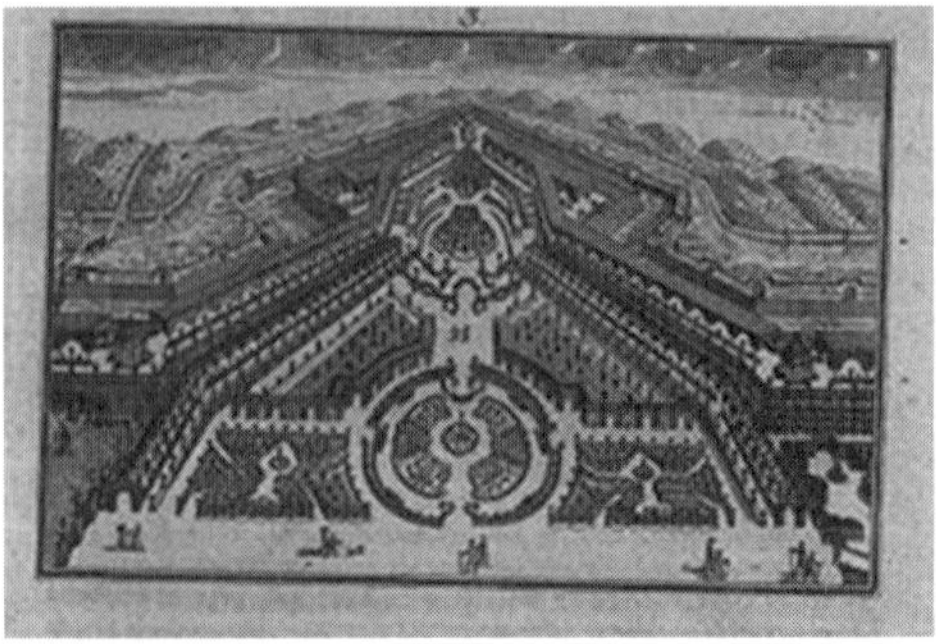

ヴュルツブルク宮殿，バロック庭園に特徴的な刺繍模様のパルテールが大きく丸く見て取れる

見下ろす権力の恍惚として、地上世界を越えゆく宗教的な陶酔の文化であると要約することができます。

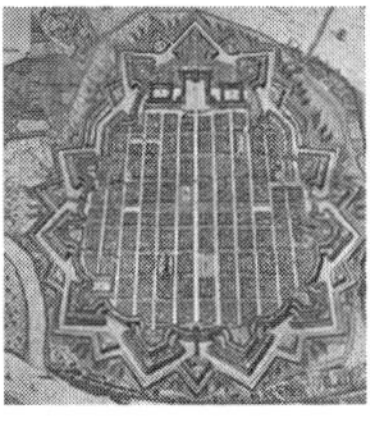
1758年頃のマンハイム

＊17　岩切正介：ヨーロッパの庭園，中公新書2008年参照．

＊18　プファルツ選帝侯（ライン宮中伯）カール・フィリップ（1661-1742年）は，1720年に宮廷をハイデルベルクからマンハイムに移し，同年宮殿の建設を始めて，38年には建築基準令を発布し，格子状の道路にそって統一されたファサードを持つ建築物が，宮殿と同じく白と赤に塗装されて整然とならぶ町並みをつくりあげた．街区は，ヨーロッパの都市には珍しく，アルファベットと数字との組み合わせでその位置を特定された．

第7章　啓蒙主義Ⅰ

啓蒙

バロックの次の時代、とりわけ一八世紀のヨーロッパは、啓蒙の時代と呼ばれます。啓蒙の時代のテーマは、バローコな形ではなく、個人としての人間とその教育です。啓蒙は、ドイツ語では Aufklärung といいます。この語は動詞 aufklären が「(風が) 空を晴れ渡らせる」と意味することから知られるように、光が行き届く、つまりは昏くない、転じて、物事をよく理解し判断できる状態を指します。ドイツ語圏の啓蒙は、判断する力である理性が、人間に自然に備わる光であるとトマージウスが告げ知らせたときに始まったと考えることができます。

クリスティアン・トマージウス(一六五五―一七二八年)は、ライプツィヒ大学で哲学を教授するヤーコプを父として、また同業の娘であるマリアを母としてライプツィヒに生まれました。自由都市フランクフルト・アン・デア・オーダーの大学で法学を修めてから故郷のライプツィヒ大学で私講師[*1]として法学を教えるようになり、トマージウスは一六八七年に初めてドイツ語で講義(題目「日常生活と振る舞いではフランス人のどのスタイルを真似るべきだろうか?」)を行いました。トマージウスはフランスの宮

ヨーハン・マルティン・ベルニゲロートによるトマージウスの肖像(銅版画, 1728年)

*1　若い私講師というものは, 学生が払う講義の受講料が主な収入源だった.

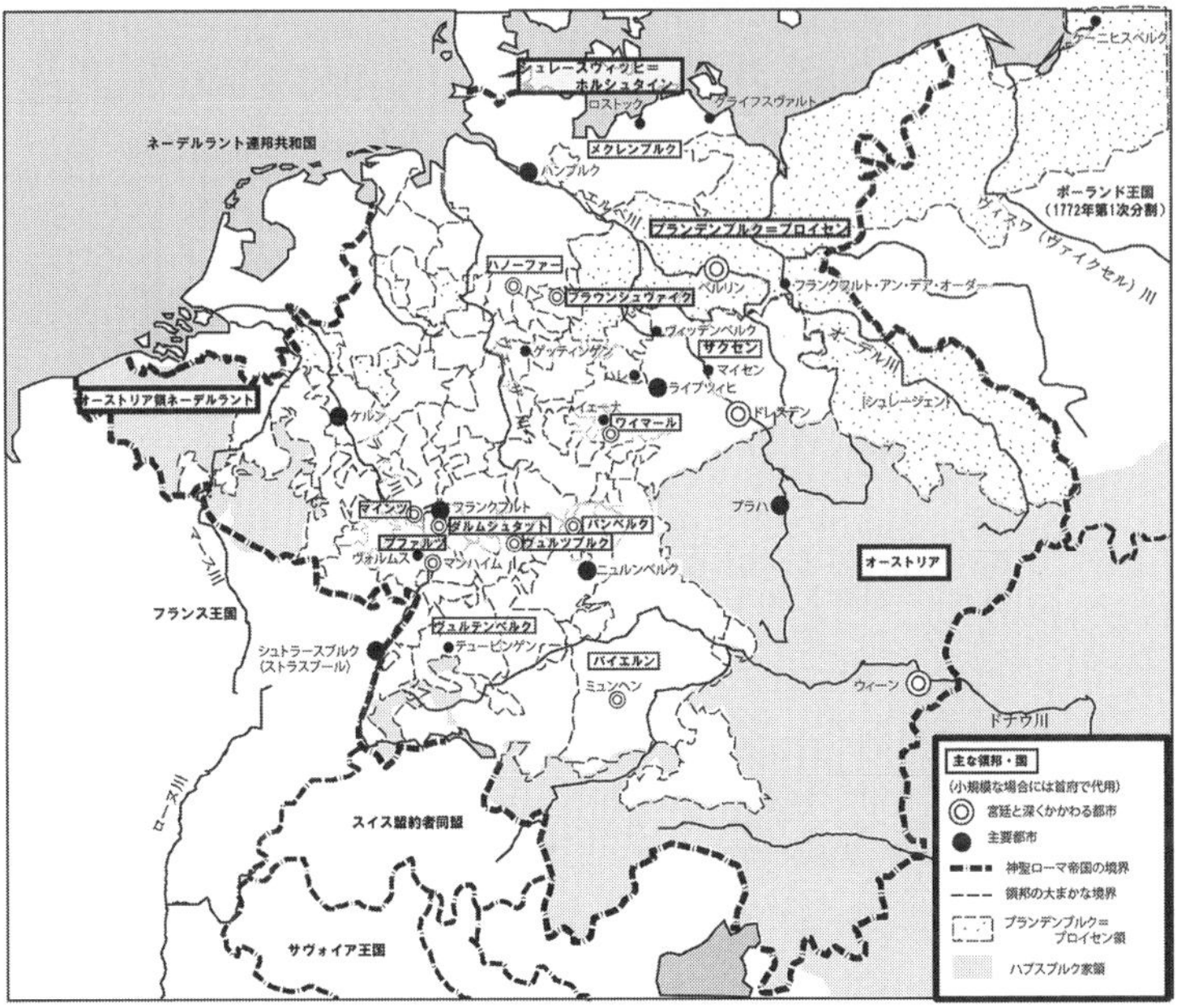

18世紀の神聖ローマ帝国

廷文化に範を仰ぎ、宮廷での作法とその理想的人間像を「典雅さ《ギャラントリー》」というものに求めたのですが、それは法学を修めて、各地の宮廷に職を得るのが目標であった学生たちの関心を惹きつけるものだったでしょう。

　ところがこのトマージウスの講義の企画は、内容はさておき、形式の点で、従来の大学教育に対する重大な挑戦でした。というのも、当時存在したドイツ語圏各地の大学とは、ライプツィヒ大学はむろんのこと、ラテン語の世界だったからです。教養科目としての哲学を学んだ後に、学生は神学、法学、医学のいずれかを修める仕組みでしたが、講義も教科書も学位論文も、そしてその口頭審査もすべてラテン語でした。このラテン語文化にそまる大学は、しかし、三十年戦争の後の時代に社会の知的要請から乖離して象牙の塔となり、トマージウスが大学の教壇に立つ頃には、大学は宮廷への人材供給の場としては騎士学校《リッター・アカデミー》に後れを取りつつありました。騎士学校は、すでにフランスで貴族の子弟の教育機関として人気を博し、ドイツでも各所に芽生え初めていましたが、将来宮廷で内政と外交に携わるであろう有為な人材を育成するために、近代外国語（フランス語とイタリア語）とダンス、騎乗、フェンシング、つまりは語学と体育を教える場でした。当時の貴族の子弟というのは、大学出の家庭教師に家で個人教育を受け、その仕上げとして、各地の大学や宮廷に滞在しながら、最終的にローマを目指すグランド・ツアーを行って教養を完成させるのが普通でしたが、そのような仕上げの局面でのいわば漠然としたプログラムの代わりに、宮廷での活動に明確に役立つ授業を行うという点に騎士学校の特徴がありました。神聖ローマ帝国内にあった大小三百を越える各宮廷は、ヴェストファーレン条約の後、その所領の実質的な支配と経営権を得たためにいずれも人材を欲しており、その供給源として騎士学校が登場し、やがて競争相手である大学を凌ぐ勢いを見せるようになっていたのです。

大学の外でもトマージウスは、ドイツ語では初の定期刊行物をみずから発行し、新刊紹介を含む様々な話題を提供しましたが、一六八九年には、ルター派の人々の怒りに触れる立場をとったために、講義及び出版活動を禁ぜられ、ライプツィヒを追われることになります。そのきっかけとなったのが、ブランデンブルクの大選帝侯フリードリヒ・ヴィルヘルム（一六二〇—一六八八年）の娘マリア・アマーリア（一六七〇—一七三九年）の再婚を巡って、トマージウスが公にした立場でした。マリア・アマーリアはカルヴァン派を宗旨としていましたが、再婚相手のザクセン＝ツァイツ公モーリッツ・ヴィルヘルム（一六六四—一七一八年）はルター派であり、この「宗旨違い」の婚姻がライプツィヒを支配するザクセンの宮廷では不評なのでした。しかし、トマージウスは神学的にも神聖ローマ帝国の観点からしてもこの結婚には問題がないとする根拠を法学者として提出したのでした。

ライプツィヒを後にするトマージウスが向かう先は、ブランデンブルク選帝侯の宮廷であり、一六八八年より父の後を襲っていたブランデンブルク選帝侯フリードリヒ三世（一六五七―一七一三年、一七〇一年よりプロイセン王フリードリヒ一世となる）は、妹マリア・アマーリアの結婚問題を解決してくれたトマージウスを宮廷顧問として採用し、彼にハレ[*2]へと赴き、そこの騎士学校にて哲学と法学を教授するよう命じました。この騎士学校にてトマージウスは急速に学生を獲得しました。

理性と母語

トマージウスは、騎士学校の学生達にやはりドイツ語で学問を教えましたが、その目的として、学問とは、自分とそして他者とが幸福、つまりは幸せな人生を送るための手段であると、初学者学生向けの書物である『理性学の手引き』（一六九一年）の中で述べています。

1．学問とはひとつの認識である。この認識によって人間は、真を偽から、善を悪から上手に選別し、その選別にあたっては根拠を挙げて真の原因、場合によっては蓋然性の高い原因というものを挙げることができるようになる。このようにする結果、日常の生活と行動の中で自分自身の幸福と、他者の現世的かつ永遠の幸福を促し発展させるのである。[*3]

学問とは、世間に背を向けた真理探究の方法ではなく、また浮世離れした世捨て人の手遊びではさらになく、この世の中で幸福に生きるための方

＊2　今日のドイツ北東にあるザーレ川沿いのハレは，古くから製塩と交易で栄えたかつてのハンザ自由都市であったが，15 世紀末にはマクデブルク大司教領となり，1680 年までは大司教の本宅にあたる宮殿が置かれる都となった．このマクデブルクの大司教は，ヴィッテンベルクが近いこともあり，早くからルター派に転じていた．そのせいもあって，大司教座のあるマクデブルクは三十年戦争の時代に未曾有の都市破壊を経験し，マクデブルク大司教領は，この戦争の終戦協定であるヴェストファーレン条約によって，ブランデンブルク選帝侯の帰属となり，その委譲が完了したのが 1680 年であった．

＊3　Christian Thomasius: Einleitung zu der Vernunfft=Lehre, Halle 1691, S.75f.

法であると、ここでは明確に述べられています。そしてそのような学問を行うための能力は、理性として万人に与えられており、生得のものであるから、外国語をそこに介在させる必要がないと、トマージウスは述べました。

16.（神が人間に与えた）ひとつの光は、自然の光あるいは理性《フェアシュタント》自身である。それゆえ人間は自然に備わる力によって、感覚的かつ地上的な事物について、この地上での生に役立てるよう、真かつ明瞭な概念を得ることができる。

19. 自然の光を用いるためには外国語など全く必要ではなく、外国語なしでこの光を使うことができる。男性あるいは女性、若者あるいは老人、貧者あるいは富者のいずれもがそうであり得る[*4]。

老若男女、あらゆる人が理性を使って学問を行い、そして互いに幸せになることができる、とトマージウスは教えたのでした。

この教えの中には画期的な事柄が三つ含まれています。一つめは万人が理性という自然の光を具えているという、人間についての新しい考え方であり、二つめは、他者の幸福についての配慮です。これらは万人が平等である、という、今日の民主主義の基本となる考え方の先駆けであり、バ

＊4　Ebd. S.80f.

ロックの時代に王侯たちの文化が、生まれによる聖別を誇示し続けたのとは全く反対の理念です。また、学問と社会とに対する女性の関わりが著しく制限され、貶められていた時代に、女性と知との新しい関係を提起しています。三つめは、学問もまた母語によって万人に対して開かれてある、という新しい学問観がここに示された、ということです。それは、ラテン語と詭弁的な三段論法が支配的であった、当時の大学での学問方法に対する批判でもあり、理性を使うのには母語の方が優れているという問題意識から生まれたものでした。このように母語による理性の使用を訴えるトマージウスは、かつて、聖書をドイツ語に翻訳してみせたルターの姿に重なります。母語によって、それぞれ理性と信仰とは強められると見ることができます。

ハレの騎士学校は一六九四年に大学へと改められ、市民の若者たちにも門戸を開放し、ブランデンブルク選帝侯＝プロイセン王の官僚養成機関として機能していくことになります。その設立の責任者であった、ブランデンブルク選帝侯領およびプロイセン公国の首相エーバーハート・フォン・ダンケルマン（一六四三―一七二二年）に宛てて、トマージウスは理性を使用する意義を説き、「人間的権威が持つ先入観」からの解放が真理の認識のために重要であり、「あらゆる学芸において**自己自身の認識**よりも高貴で不可欠なものはない」[*5]（『理性学の実践』一六九一年―強調原著者）と述べています。これは、約百年後にあらためてカントが『啓蒙とは何か』

＊5　Christian Thomasius: An Seine Hochwohlgebohrne Excellenz Den Chur=Brandenburgischen Staats=Minister Hn. Eberhard von Danckelman. In: Außübung der Vernunft=Lehre, Halle 1691.

（一七八四年）の中で記す有名な啓蒙主義の標語《モットー》――理性的であれ、自分自身の理性を使用する勇気を持て！――の源流に位置づけられるのです。[*6]

啓蒙は現実的には大学と高校の教育の場で行われる一方、そうした学校に通うことの許されない女性に対しては個人教授と書物とを通して行われました。いずれも万人が啓蒙されるというのにはほど遠い状況ですけれども、演劇と芝居は学校の代わりに、啓蒙の実践される場として、多くの人間に開かれた場所であったと考えることができます。母語による理性の使用は、演劇の舞台を手本とするのが最も効果的でしょう。しかしそのためには、バロック期からの舞台芸術の発展がまずは必要でした。

ドイツ語の文化――オペラと演劇

バロック期に人気のあったオペラは、一六世紀末のフィレンツェでギリシア悲劇を復活させるのを目標として、古代の文献を研究する中から誕生しました。[*7]その後イタリアの宮廷文化として出発し、一七世紀にはヴェネチアにつくられた多数の公共劇場で大衆的な娯楽へと発展しました。ヴェネチアで成功を収めた数々の芸術家たちはドイツ語圏の宮廷へと招聘され、すでに見たようにウィーンの宮廷でバロックの文化を花咲かせました。

ところで、ウィーンでオペラ『黄金の林檎』がイタリア語で歌われたのに対して、アルプスの北のドイツ語圏の宮廷では、早くからドイツ語によ

*6　Immanuel Kant: Beantwortung der Frage: Was ist Aufklärung? In: Schriften zur Anthropologie, Geschichtsphilosophie, Politik und Pädagogik 1. Frankfurt am Main 1977, S.53.

*7　戸口幸策：オペラの誕生，東京書籍 1995 年，39 頁以下参照.

るオペラが試みられました。その最も早い例は三十年戦争の最中の一六二七年、エルネスト系ヴェッティン家がかつてその都としたトルガウで、アルベルティン系ヴェッティン家の公女ゾフィー・エレオノーレ・フォン・ザクセン（一六〇九―七一年）がヘッセン・ダルムシュタット方伯ゲオルク二世（一六〇五―五九年）と結婚した折に披露されたものです。カッセルとヴェネチアに学んだ、ドレスデンの宮廷楽団長ハインリッヒ・シュッツ（一五八五―一六七二年）の音楽、ドイツ・バロック期最大の詩人マルティン・オーピッツ[*8]（一五九七―一六三九年）の作詞による『ダフネ』（一六二七年）というオペラでした。

オペラはもとはイタリアのもの、と考えるならば、イタリア語オペラがオリジナルということになりますが、オペラが文芸復興の中でギリシア悲劇を手本にしたということであれば、ギリシア悲劇を復活させるのに、イタリア語ではなく、ドイツ語にてという考えが生まれるのも自然なことです。ルターは聖書を母語に翻訳しましたが、プロテスタント側に立つ都市でも積極的にドイツ語オペラ（＝ジングシュピール）が製作され、享受されました。

アントーン・ウルリヒ公のブラウンシュヴァイク

ヴェルフェン家の支流ブラウンシュヴァイク＝ヴォルフェンビュッテル公アントーン・ウルリヒ（一六三三―一七一四年）は芸術愛好家で、また

＊8　マルティン・オーピッツ（1597-1639）：ボヘミア王支配の都市ブンツラウ（今日のポーランド・下シュレージエン地方のボレスヴァビエーツ）に肉職人の息子として生まれ，ハイデルベルク大学およびライデン大学に学び，リーグニッツ（今日のポーランド・下シュレージエン地方レグニツァ）公の宮廷参与（詩人）となる（1623年）．32年以降はダンツィッヒ（今日のポーランド・グダンスク）に居住．代表作：『ドイツ詩学の書 Buch von der Deutschen Poeterey』（1624）．

自ら文筆にいそしみ、一六七七年から亡くなるまでの間、ローマを舞台とした歴史小説『オクターヴィア Octavia』（六巻）を著し、これは少年ゲーテの愛読書となるほどのものでした。公は一六七一年に都市ブラウンシュヴァイクを攻めて、三週間の攻城戦ののち降伏させました。商業都市ブラウンシュヴァイクは、ヴェルフェン家の宮殿の所在地として栄え、一三世紀にはハンザ同盟に加盟し、一四三二年にブラウンシュヴァイク公がヴォルフェンビュッテルに宮廷を移してからは、都市として独立していました。その後、市は再度の支配を目論む公爵軍を相手に一六一五年には三ヶ月もの攻城戦にも耐えましたが、ついにアントーン・ウルリヒ公に屈して自治権を失ったのでした。公はハーゲン市場にたつ機能を失った市庁舎の一部を二万七千ターラーかけて八九年から九〇年にかけて改築し、そこに座席数千席の劇場をつくらせました（図）。こけら落としは一六九〇年、ハンガリー生まれの宮廷音楽家ヨーハン・ジキスムント・クッサー（一六六〇―一七二七年）による音楽、宮廷詩人フリードリヒ・クリスティアン・ブレッサントによるオペラ（＝ジングシュピール）『クレオパトラ Cleopatra』でした。

ライプツィヒ――大市と舞台

ライプツィヒは年三回、復活祭と聖ミカエル大天使の日（九月二九日）と新年に大市が開かれ、そこでは近隣の物産品が扱われる他に、織物など

オペラ劇場

クリストフ・ベルンハルト・フランケによるアントーン・ウルリヒ公の肖像

遠方からの商品の取引が行われました。市に合わせて旅芸人や医者や音楽家たちもが集まって賑わいを加えましたが、大市を顧客獲得のための好機とみたのが、ドレスデン宮廷の楽長を務めていたニーコラウス・アダム・シュトゥルンク（一六四〇—一七〇〇年）です。シュトゥルンクは一六九二年にライプツィヒにおけるオペラ劇場の設立をザクセン選帝侯ヨーハン・ゲオルク四世（＝アウグスト強王の兄、一六六八—九四年）に願い出て興行権を得て、ブリュール通りに劇場を開き、翌年から自ら制作したドイツ語によるオペラを大市のときのみ舞台にかけるのを許されました。[*9]

シュトゥルンクはオペラをドイツ語で創作し上演するのに情熱を傾けた人物です。ブラウンシュヴァイクのオルガン奏者の家に生まれたシュトゥルンクはヴォルフェンビュッテル、ツェレ、ハノーファーとヴェルフェン家の各宮廷をヴァイオリン奏者として渡り歩いた後、一六七八年、帝国都市ハンブルクに設けられた市民劇場の音楽部門の長となって、ドイツ語によるオペラを上演しました。[*10]八二年からハノーファーの宮廷音楽家となりましたが、並行してハンブルクの劇場のためにドイツ語のオペラを制作し続け、八八年からドレスデンの宮廷での音楽活動に従事しました。ドレスデンでのシュトゥルンクは教会音楽やイタリア語のオペラを手がけました。[*11]この時代、宮廷ではイタリア語の、そして市民向けの劇場ではドイツ語のオペラが営まれていたことになります。ドイツ語のオペラではありますが、主題はいずれも古代世界を舞台としています。

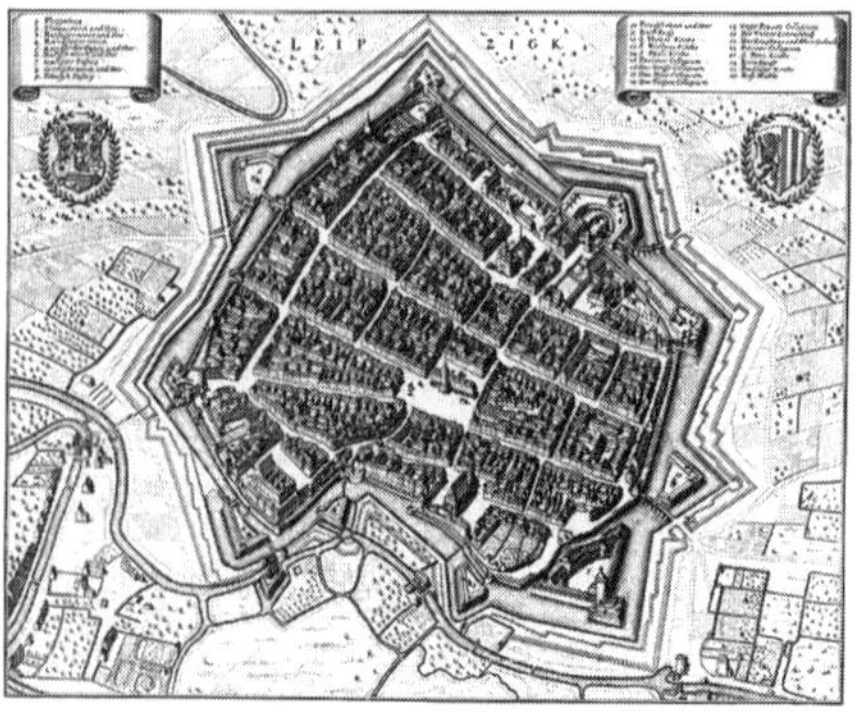

ライプツィヒ（1650 年）

以上のように、ブラウンシュヴァイク、ライプツィヒ、ハンブルクの各都市でのドイツ語オペラの上演状況を概観すると、都市市民は、ジングシュピール、すなわちドイツ語による歌劇を楽しんでいたことになります。劇の内容は、古代の史実や神話に題材をとったものですが、宮廷におけるオペラとの決定的な違いは、古代的な題材が、君主の権力を美化するために用いられたのではない、という点です。悲劇はもとは都市国家アテネの市民文化であり、これが時を経て、ドイツ語を母語とする市民の文化としてアルプスより北の都市に復活したと見ることができるでしょう。[*12]

ノイバー一座[*13]——ドイツ語演劇の誕生

さて次に、ドイツ語による演劇の発展に大きく貢献した、フリーデリケ・ノイバーという女性を紹介しましょう。「ドイツ演劇の母」フリーデリケ・カロリーネ・ヴァイセンボルンはアルベルティン系ヴェッティン家の所領、かつての帝国都市ツヴィッカウに裁判所長を父として一六九七年に生まれましたが、厳格すぎる父のしつけを逃れようと一五歳のときに家出を試みて失敗し、父の意向により一三ヶ月もの間刑務所で過ごしました。二〇歳の時、同地の名門ラテン語学校の学生であったヨーハン・ノイバーと駆け落ちし、二人共に旅芸人の一座に身を投じました。結婚後のフリーデリケはノイバー Neuber ないしはノイバーリン Neuberin と呼ばれ、役者として頭角を現し、のちに別の一座をまとめ上げてライプツィヒにて

*9　オペラ作品の上演年とタイトルについて判明しているものを挙げると，
九三年聖ミカエル大天使の日：『ネロ』
九五年新年：『羊飼いの娘クロリス』（牧歌劇というジャンルに属するもの．牧歌劇とは，ルネサンス期一五世紀末から一六世紀にかけてイタリア各地の宮廷で演ぜられた，田園を舞台として，純真な愛の尊さを喜劇的に主題とした．女神ウェヌスが登場するので，時代設定は古代である）
九六年復活祭：『フォカス』（＝コンスタンチノープルの暴君）
九七年復活祭：『ツェノビア』（＝パルミラ帝国の女王）
九九年：『アグリッピーナ』（＝ネロの母）

*10　上演された演目のドイツ語タイトルと，上演年のわかる分を挙げておく．„Der glückselig steigende und der unglücklich fallende Sejanus“; 1680 „Esther“, „Doris“, „Die drei Töchter Cecrops“, „Alceste“; 1683 „Theseus“, „Semiramis“, „Floretto“

ノイバー一座を立ち上げました。一七二七年にポーランド国王＝ザクセン選帝侯であるアウグスト強王から、宮廷で演劇を行うための特権を得て、さらにライプツィヒ大市での興行権も獲得しました。一座はライプツィヒのラントシュッテッター堡塁内側の広場に面したブルーメンベルク館に常設の舞台を設けました。フリーデリケの一座は、旅芸人の芝居でよく見られた即興劇――学者、軍人、道化ハンスヴルスト[*14]など、類型化された役柄を演じる役者たちが登場して笑いを誘い、しばしば下品に流れるような芝居――を廃して、笑いを誘いつつも人間性を向上させるような内容を演ずることを目標としました。最初は、フランスのコルネイユ、ラシーヌ、モリエールなどの劇を翻訳して上演しましたが、一七三一年、ゴットシェートの『死せるカトー』を演じて、ドイツ語演劇の舞台に啓蒙の時代の新しい人間像を登場させました。

ヨーハン・クリストフ・ゴットシェート

ヨーハン・クリストフ・ゴットシェートは一七〇〇年にケーニヒスベルク近郊のユディッテン――今日のロシア連邦メンデレェイェヴォ――に牧師を父として生まれました。一四歳からケーニヒスベルク大学にて神学と哲学と数学を学び始め、一七二三年にヴォルフの哲学を改良して神の遍在を論じ、哲学の修士号の学位を得ました。翌一七二四年、プロイセンの徴兵を逃れてライプツィヒに移住し、以降、道徳週刊誌[*15]を発行して文学者

*11 Vgl. Neues Archiv für Sächsische Geschichte und Altertumskunde, hrsg. v. Hubert Ermisch, Bd.37, Dresden 1916, S.173. u. Allgemeine Deutsche Biographie, Bd. 36, Leipzig 1893, S. 667ff.

*12 後年モーツァルトがドイツ語オペラを制作し人気を博するが，それはバロック時代から営まれたドイツ語オペラの末裔であるということになる．1776年ウィーンの皇帝ヨーゼフ二世がフランス語劇場をドイツ語劇場に改め，この劇場にて，74年から宮廷音楽家となっていた，ヴェネチア出身のアントーニオ・サリエーリ（1750-1825）の『煙突掃除人 Der Rauchfangkehrer』（1781）と，ヴォルフガング・アマデウス・モーツァルト Wolfgang Amadeus Mozart（1756-91）の『後宮からの誘拐 Die Entführung aus dem Serail』（1782）―いずれもドイツ語―とが上演された．さらにモーツァルトは，ジングシュピールの傑作となる『魔笛 Die Zauberflöte』を台本作者のエーマヌエル・シカネーダー （次頁）

として身を立てました。

　ゴットシェートはフランス文学と思想の翻訳紹介にもつとめ、一七二六年にフォントネルの『世界の複数性についての対話』（フランス語版一六八九年）を、三二年にはラシーヌの『イフィゲネイア』（フランス語版一六七四年）を、またライプニッツの『弁神論』（一七一〇年）をラテン語から翻訳しています（一七四四年）。さらにはチューリッヒのヨーハン・ヤーコプ・ボードマー（一六九八―一七八三年）を相手にドイツ版「新旧論争」を展開した、[*16] この時代の文学を牽引する存在でした。

　ゴットシェートは一七三〇年以降、ライプツィヒ大学で詩学と雄弁術を教え始め、四年後に論理学と形而上学の正教授となりますが、ライプツィヒ大学で教鞭を執り始めた頃、悲劇『死せるカトー』（一七三二年初演、翌年出版）を書いて、演劇ならびに近代ドイツ語の改革の運動に乗り出しています。この劇は序文にあるとおり、ボアローの演劇理論に基づいて「三一致」の法則（一日のうちに一つの場所で一つの統一した筋が展開される）を遵守し、悲劇演劇を近代ドイツ語の韻文によって再興しようとしたものです。古代ローマ時代のカトーが示した英雄的道徳を、母国語による演劇レパートリーとして劇場に供し、市民の道徳的規範と美意識が古典古代を模範とするよう仕向けたのでした。この悲劇は上演と出版ともに成功をおさめました。

＊12　（承前）（1751-1812）とともに完成させ，この作品は1791年ウィーン郊外のヴィーデンの劇場で上演された．『魔笛』は人気を博し，一年間で83回も上演され，また各地の劇場でも演ぜられた．

＊13　Vgl. Die Neuberin und ihr Denkmal. In: Neuer Theater=Almanach. Neunter Jahrgang, Berlin 1898, S.56.

フリーデリケ・ノイバー（右）
カール・フリードリヒ・フレェーゲル：ハンスヴルストに扮した名優フランツ・シュフ（1862年）（左）

『死せるカトー Sterbender Cato[*17]―悲劇』（一七三一年初演、翌年出版）
（悲劇全体の物語ないしは出来事は、正午に始まり、日暮れ頃までつづく）

背景：カエサル、ポンペイウスとともに三頭政治を担ったクラッススは、前五三年パルティア（古代イランの王朝＝アルサケス朝）へ軍事遠征して敗北し、壊滅した。ポンペイウスは、三頭の敵であったカトーに接近し、前四九年にはカエサルをガリアの総督職から解任し、また本国召喚を命じた。これに対してカエサルはルビコン川を渡って、ポンペイウスおよび元老院派との内戦が始まった。カエサルは、ギリシアで兵を整えたポンペイウスと同地で決戦を行い、最終的にポンペイウスが敗れて彼はエジプトへ逃れたが、プトレマイオス一三世の計略により殺害された。エジプトに到達したカエサルは、クレオパトラ七世の側に立って、その弟であるプトレマイオス一三世の軍を破って彼女がエジプトを支配するのを助けた。この後の前四六年四月にカエサルは元老院派のカトーをウーティカに攻めるのである。

粗筋：パルティアの王アルサケスの娘アルセネは、ポントス（黒海に臨む小アジアの古代の王国）の王パルナケスとの結婚を拒否して、舞台となるウーティカに逃れてきている。パルナケスは、ポンペイウスがパルティアに攻め入った戦の折り、卑怯な手立てにより、アルセネの兄弟を殺して

＊14　王侯たちが宮廷劇場を所有したのに対して，市民たちがアトラクションとして持ち得たのは，移動式の旅の劇団である．彼らは，お祭りや市，大きな都市など，大人数の観衆が見込めるところに一時的にやって来ては，仮設の舞台などを作って野外演劇を行った．移動劇団は宮廷劇場で演ぜられる演目を表面的になぞった筋書きのお芝居を，観客を楽しませるために，即興劇の要素を多分に混ぜて演じた．彼らの舞台で人気を博したのが，（次頁）

レーオンハルト・ショーラー『ヨーハン・クリストフ・ゴットシェートの肖像』（1744 年）

いたからである。彼女はカトーに助けを求めると、カトーはその心ばえを良しとする。しかしカトーは、アルセネが本当は死んだと思われていた実の娘ポルティアであり、その上でなお、彼の不倶戴天の政敵であるカエサルと愛し合っていることを知って苦境に陥る。というのも、アルサケスが後継となる娘アルセネを失ったちょうどその頃、クラッススとの戦いがあり、クラッススの妻のもとで養育されていたポルティアが捕らえられてアルセネの身代わりとなっていたのだった。そして長じた彼女が女王として求愛を受けたのが他ならぬカエサルであった。そのカエサルはローマを独裁によって支配しようとするが、対して元老院派のカトーは共和主義者であり、ローマが自由であることを欲しているのである。ウーティカに迫ったカエサルは、カトーを籠絡するための提案をなすが、それを独裁としてカトーは退ける。カトーは、自由を尊重するという自らの主義にもとづいて、縛につくよりは自殺を選ぶ。決断するその姿が描かれるのが次の場面である。

第五幕第一場

（カトー独り、一冊の書を抱え、物思いに沈みつつ座っている。彼の傍らの机の上には抜き身の剣があり、その横には寝台が置かれている）

カトー：そう、プラトンよ、あなたは正しい。あなたの結論の持つ輝き

＊14　（承前）道化役のハンスヴルストである．

＊15　道徳週刊誌とは，道徳感情に訴える様々の物語やエッセイ，書簡，対話などを掲載して，市民の自己認識を形成するともに，煙草，カード，（婦人）教育，迷信，結婚，文化・芸術などを話題にして，市民生活の規範を描き出しリードしようとした，啓蒙主義期の代表的メディアのひとつである．Vgl. Gero von Wilpert: Sachwörterbuch der Literatur, Stuttgart 1989, S.588f.

＊16　新旧論争とは，フランス古典悲劇と，シェイクスピアとでは，どちらがギリシア悲劇に匹敵する力を持ちうるか，とレッシングに拠れば理解される．Vgl. Wolfgang Drews: Gotthold Ephraim Lessing, Reinbek bei Hamburg 2005, S.64f.

は見事だ。
本当に。我々の魂は、不死であるのに違いないのに、
しかしどうして、永遠の幸福と命とを受けたいという
希望や欲求が芽生えてしまうのだろうか？
我々をこんなにもくよくよさせるこの震え、
墓の暗闇に対する冷たい恐怖はどこから来るのだろうか？
魂は破滅を前にしてたち上がるのではないのか？
それなのに墓と腐敗ほどに不安にさせるものがあるだろうか？
そう、そうなのだ、我々の中には神々しくも気高い衝動というものが住まっている。
天上世界は、永続するのが好ましいと思うよう我らを定め、
そして、この世界から我々を途方もなく大きな場所へと導くのだ。
永遠よ、考えるだけで恍惚とさせる泉よ、
何という、変容、努力、苦難、苦しみ
そして交代を経てお前の城門に辿り着くことになるのか。
天上世界の姿は我々の視野の中にたしかに完全に開かれてはいる。
遥かに彼方までが見える、ただしおぼろげな光が頼りだ。
影、蒸気、夜は常に見ることを妨げ、
目の放つ光もやがて退けられる。
ここで立ち止まってみよう。最高の存在があるとして——

＊17　カトー＝小カトーないしはウーティカ（今日のチュニジアにあった，フェニキア人の都市）のカトー（前95-46年，同名の曾祖父大カトーと区別するための小）

自然と世界とは無数の試練を与えながらも
叫んでいる：神はある、と。――すると、疑いもなく以下のことが導
かれる、
神は、徳あるものに好意を示し、慈悲深いと。
神が慈悲を与える者はまた幸せであるに違いない。
しかし、それはいつそうなるのか？しかもどこで？確かにこの地球上で
はないはずだ。
地球はカエサルのもので、彼のためにつくられている。
では何処でなら？――どんなに考えても、それは私にはわからない。
この鉄がまもなく私の長きの疑いを晴らしてくれるだろう。*18

この芝居では、民主政治と自由の理想とが、古代ローマの世界に投影されています。共和制と個人の自由とは、カエサルの独裁の前に敗北するけれども、それは再び目指されるべき、理想なのではないか。個人が死してなお自由を主張するその姿は「神々の似姿」に喩えられ、それが人間性のひとつの理想として描かれています。またこのような複雑な背景と内容をもつ芝居を理解する観客の知性が求められたのです。*19

レッシング――ドイツ語による「ドイツ」の表現

ドイツをローマの世界に戻そうとするゴットシェートの理想は、しか

ジョアッキーノ・アッセレート
『カトーの死』（1640年頃）

し、実現不可能で時代錯誤なのではないか。古代の文芸を最高の模範とし、フランス文学に傾倒するゴットシェートの古典主義文学に若き日のレッシングは批判的であり、三一致を廃したシェイクスピアの演劇をこそ理想としました。そしてノイバー一座との関わりが若きレッシングの運命を大きく変えることになります。

ゴットホルト・エーフライム・レッシングは、牧師ヨーハン・ゴットフリートを父として、同じく牧師を父に持つユスティーネ・ザローメ（旧姓フェッラー）を母として、ドレスデンからほど近いザクセン選帝侯領の田舎町カーメンツ Camentz（Kamenz）に、一七二九年、一二人兄弟（うち五人は夭折）の二男として生まれました。父ヨーハン・ゴットフリートは上役の娘であるユスティーネ・ザローメを娶ったので、ゴットホルトにとっては父と祖父とがカーメンツの同じ教会の牧師だったことになります。レッシングの家系は一五二五年まで辿ることができ、牧師、小作人、市長、市会議員を務めた人々でした。曾祖父テオフィールスはライプツィヒ大学に学び、やはり牧師でした。

レッシングは一二歳のとき、マイセンにある選帝侯立の名門学校ザンクト・アフラに入学しました。ザンクト・アフラの学校施設はもとは修道院で、選帝侯領がプロテスタントとなり、ルターの主張に従って修道院が無用となったとき、学校に改められたのでした。[*20] レッシングは、篤志家による奨学金を得て、この学校で五年間学びました。この頃のレッシングは、

＊18　Johann Christoph Gottsched: Sterbender Cato, Stuttgart 2015, S.75.

＊19　アントニオ・ヴィヴァルディ Antonio Vivaldi が „ウーティカのカトー Catone in Utica“（1737）を作曲したように，これはこの当時人気を博したテーマだった．

＊20　ザンクト・アフラ学校は，今日もザクセン州立として存続し，特に優秀な生徒に対してのみ門戸を開いている．

ギリシアの博物学者テオプラトス（前三七一―二八七年）、古代ローマの劇作家プラウトゥス（前二五四―一八四年）とテレンティウス（前一九五―一五九年）を熱心に学び、後年、この時代の読書の日々を最も幸福であったと回想しています。一七歳のとき奨学金を得て、（のちには篤志家の援助に支えられて）ライプツィヒ大学の神学の学生となりましたが、これは将来レッシングが牧師職に就くよう定められていたことを意味します。このライプツィヒ大学にゴットシェートが文壇の法王として当時君臨していました。一九歳のレッシングはノイバー一座と懇意となり、一座の舞台のために芝居を提供しました。その内容は、視野が狭く独りよがりな若き学者を戯画化するものでした。

『若い学者――三幕の喜劇』（一七四七年）一七四八年一月、ライプツィヒのノイバー一座にて初演。

粗筋：二〇歳のダーミスはすでに法学と神学と医学の学士であり、七つの言語を学び、古典文献学の研究（ホメロスの注釈）に打ち込み、さらにクレオパトラが毒蛇を這わせたのは胸か腕か、という問いに取り組んでいる。場面は本が山と積まれたダーミスの書斎で始まる。ダーミスはベルリンのアカデミーの懸賞論文に応募して、その当選結果を今や遅しと待っている。テーマはライプニッツの「モナド」[*21]に関するものであった。ところ

16世紀のカーメンツ

アントーン・グラッフによるレッシングの肖像

でダーミスの父クリサンダーは裕福で抜け目のない商人であり、家には、亡くなった友人の娘で寄る辺ないユリアーネを住まわせているが、それは彼女を息子と結婚させた上で、彼女が相続し損なった財産を、見つかった証書をもとに取り戻すためであった。クリサンダーはこの計画のために、ダーミスの召使いであるアントーンを抱き込む。一方、ユリアーネは、知をひけらかして女性の「無教養」を軽蔑するダーミスではなく、彼の友人であるファーラーの方に心を寄せている。しかし彼女は、クリサンダーに対する感謝ゆえに結婚に同意する。

さて、この結婚に反対であるのが、やはりファーラーに恋する、ユリアーネ付きの侍女リゼッテである。彼女はアントーンと結託して、ユリアーネの財産を無効とする手紙をねつ造して、クリサンダーに結婚を諦めさせるのについに成功する。しかし、自分の主人を女性の悪徳の典型だとダーミスに思い込ませようとするリゼッテによる悪巧みが意外な効果を発揮して、今度はダーミスが天邪鬼にもユリアーネとの結婚に固執することになる。

ダーミス：私が今になって結婚をやめるなどとお考えでしたら、お父さん、あなたは間違っていますよ。私はすべてをよく考えてみました。そしてあなたに率直に申し上げなくてはなりません。悪妻は、私の名声を不滅のものとするのに役立ちます。あるいはむしろ、もしも学者を夫

＊21　ライプニッツは『単子論』（1714）の中で，事物を複合して構成する「単純な実体」である「単子（モナド）」を「原子」と呼び，世界は「単子」と「単子」との合成物から成り，「全物質は互いに関連し合って，全体としてはあらゆる運動が他の物体に作用を及ぼす」（Gottfried Wilhelm Leibniz: Monadologie, Stuttgart 1998, S.45.）と説明する．無限数かつ無限の多様性を持つ「単子」が合わさって隙間なく宇宙全体を埋め尽くし，この全体は逆に無限に分割可能であると考えられている．

に持たなければ、世間に記憶されることもないであろう、ひとりの悪しき女性を、私と一緒になることで不滅のものとしたいと思うのです。そうした悪妻でも、私の性格が持つ光をなにがしか反射するでしょうから。

クリサンダー：結構、結構。それならば悪妻を娶るがいい、ただし金のある悪妻を。そうした女ならば悪意もまだ耐えられるというものだ。[*22]

ユリアーネが良心の呵責から本心をクリサンダーに打ち明けると、クリサンダーはファーラーとの結婚を許す。その後に、ダーミスには致命的な知らせが届く。論文を委託された友人は、懸賞のテーマ設定から外れている論文の内容——「モナド」の語源と歴史を衒学的に探究する一方、その哲学的意味を論ぜず些事にとらわれている——がむしろダーミスの不名誉になると判断して、懸賞に応募しなかったという。失意のダーミスはドイツを去ろうと決意するのだった。

ダーミス：もうとっくに嫌になっていたのだ、ドイツにこれ以上留まるということが！この北方の粗野で愚かさの中心地、ここでは自然のあらゆる要素がよってたかって賢くなるのを妨げる。百年に一度だって、私と同じような才能が生まれることなどほとんどないだろう——

クリサンダー：ドイツはお前の父なる国だというのを忘れたのか？[*23]

＊22　Vgl. Gotthold Ephraim Lessing: Der junge Gelehrte. Ein Lustspiel in drei Aufzügen. In: Gotthold Ephraim Lessing Werke und Briefe in zwölf Bänden. Bd.1 Werke 1743-1750, Frankfurt am Main 1989, S.208.

＊23　Ebd., S.234.

この作品はノイバー一座が破産したので、その後のドイツ各地で上演されるようにはなりませんでした。しかし、初演当時は大成功を収めたといわれます。作者レッシングの感想は以下の通りです。「大喝采が、俳優たちによるものか、それとも作者に属するものかは不確かである。真実であるのは、美的センスのない民衆というものがもっともけたたましく笑うということ、通の人間が泣きたいと思うところで、しばしば彼らは笑うということである。何も意味するところのないこの成功からは、だから私は何らの結論も導きたくはないのである[*24]」。

ゴットシェートの理想とは反対の現実を揶揄しても、そこからは何も生まれないという、若きレッシングの反省が伺えます。破産したノイバー一座のメンバーはレッシングの恋人も含めてウィーンへと向けて旅立って行きました。レッシングもウィーンへと後ろ髪引かれる思いであったでしょう。ウィーンでならば座付き作者としてなんとかやっていけるのでは、と。この頃のウィーンは、プロイセンを相手にオーストリア継承戦争を戦っており、プロイセンはシュレージエン地方を軍事占領していました。レッシングはブランデンブルク選帝侯＝プロイセン王国の首都ベルリンへと恋情を断ち切り、決然として作家として独り身を立てるべく向かったのでした。

＊24　Ebd., S.1052.

ベルリンとユダヤ人

その当時のベルリンの君主は、フリードリヒ二世（大王）です。フランス文化に染まる宮廷にはフランスの哲学者、啓蒙思想の旗手ヴォルテールが迎えられていました。このベルリンの地で、当時の慣習からすれば大変難しいことでしたが、フリーのライターとして一九歳のレッシングは活動を開始しました。彼は小さな部屋に住み、粗食しつつ、翻訳をし、週刊誌に記事を執筆しました。

レッシングがベルリンを文筆活動の場所として選んだ理由としては、フリードリヒ二世が出版物に関する検閲を緩めており、表現の自由が大目に見られていたことが大きいと考えられます。そしてもうひとつ、ブランデンブルク選帝侯＝プロイセン王国で行われてきた宗教的寛容の政策も、レッシングにとっては魅力であったことでしょう。

プロイセンの王家は古くはカトリックでしたが、一六世紀にはルター派に、一六一三年にはカルヴァン派になっており、そのため、一六一五年にルター派とカルヴァン派の両方に対等な権利を認めました。[*25] 大選帝侯フリードリヒ・ヴィルヘルム（一六二〇―一六八八年）は、ナントの勅令の撤回[*26]（一六八五年）によってフランスを追われた約二十万人のユグノー[*27]のうち約二万人を領内に受け入れ、ベルリン市に隣接する新しい都市を建設してそこにユダヤ人とユグノーとを住まわせました。そうした人々の中には熟

＊25　カルヴァン主義者あるいは改革派教会とは，プロテスタントの流派ではあるが，ルター派とは，聖書を重視する点で共通点を持つものの，教義および儀式の解釈では異なる部分をもち，何よりも属する教会が，ルター派であれば領邦権力の下位に位置づけられるのに対して，むしろそうではなく，倫理的裁判権を持ちさらに領邦を越えて国際的な連携を持つ点にその特徴がある．Vgl. Historisches Lexikon der Schweiz. Bd.3. Basel 2004, S.178.

＊26　この勅令により1598年，フランス王アンリ四世は条件付ながら，プロテスタント信者の信仰と市民的活動を認めた．

＊27　ユグノーとはフランスにおけるカルヴァン主義者あるいは改革派教会に属する人々のこと．

練の手工業者、印刷業者、庭師や士官（＝もと貴族たち）が含まれ、それがその後のベルリンならびにブランデンブルク選帝侯領の発展の大きな契機となりました。また次の代の王であるフリードリヒ一世（一六五七―一七一三年）もスイスから改革派教徒たちを積極的に迎え入れました。

歴代の選帝侯と王による、宗教的寛容政策の象徴が、ジャンダルメン市[*28]場を形成する二つのよく似た姿の教会です。北側にフランス教会、南側にドイツ教会が対称的に位置してジャンダルメン市場を形づくる形で立っていますが、これらはフリードリヒ二世の命によって一七八〇年からバロック式で設計建築されたものです。フランス教会の方はユグノーの信徒のための、そしてドイツ教会は、ドイツ語を話す改革派信徒とルター派信徒とが共同で使うための教会としてそれぞれ造られました。トマージウスのところで見たように、私たちが想像する以上に改革派とルター派との隔たりは大きいのですが、ここベルリンのジャンダルメン広場では、母語の異なる二つの改革派教会とルター派との共存が、カトリック教会から生まれた二つのバロック形式の教会が互いによく似た姿を保ちつつ向き合うことで、目に見えるようになっているのです。

さて、晩年の名作『賢者ナータン』（一七七九）から伺えるように、レッシングは宗教的に寛容でした。信仰心がないから寛容なのではなく、古代からルネサンスにかけての文献の研究を通して、唯一神を信仰ではなく理性によって認識できるようになるのが人類史であるとの結論にレッシ

ジャンタルメン市場のドイツ教会（上）とフランス教会（下）

ベルリン（1739 年），右側が新市街

ングは達しました。人類史の中で生まれた、すべての啓示宗教が同じように真であり、また同じように偽であると考えて、そのためにユダヤ人とその宗教とを、イスラムと同じように尊くかつ、キリスト教と同じくひとつの方便だと考えていました。[*29] そこから導かれる宗教的寛容は、若きレッシングの姿勢でもありました。

ドイツ語圏の諸地域でユダヤ人は、当時、中世以来の慣習に則って、各地で居留者数を制限され（その結果「放浪ユダヤ人」というものが生まれる）、黄色の目印をつけての外出、特別の税金、結婚および所帯成員の制限など、様々な制約を受けて都市における滞在を許してもらう存在でした。ベルリン全体の人口が一三万三千人であった時、庇護ユダヤ人は一七四〇年で一二〇世帯、一七五〇年で二〇三世帯であったとされます。但し、一部のユダヤ人は絹織物で経済的な成功を収めており裕福でした。ちなみにその絹は、（イギリスやオランダの）東インド会社を経由して主に中国からもたらされたものです。

フリードリヒ一世の支配のもとでの「ユダヤ人規則」（一七〇〇年）によれば、ユダヤ人に領内での家屋（不動産）の売買は許されていませんでした。一七一四年からは許されましたが、保護権は長子にのみ移譲可能で、次男以下は高額でこれを買い取るか（一七五〇年からは一〇〇〇ターラー、これは非ユダヤ人庶民の年収の約四～五倍に相当した）、独身のままで過ごすか、他国へ移住しなくてはなりませんでした。さらに、各ユダ

＊28　ジャンダルメンというのは，フランス語で Gens d'armes つまりは武装騎士という語に由来し，フランスでとくに王の護衛を務める貴族の部隊を意味した．軍人王というあだ名の伝わるフリードリヒ・ヴィルヘルム一世（1688-1740 年）は，フランスからベルリンに逃れて来たユグノーのフランス人貴族からなる連隊をつくり，彼らの練兵広場となったのがジャンダルメン市場の名前の由来である．

＊29　Gotthold Ephraim Lessing: Die Erziehung des Menschengeschlechts. In: Gotthold Ephraim Lessing Werke und Briefe in 12 Bänden. Bd.10 Werke 1778-1781, Frankfurt am Main 2001, S.75ff.

ヤ人共同体は保護の見返りとして国庫に一万五千ターラー（＝一億五千万円）を毎年支払わなくてはなりませんでした。そのような時代であった一七四九年、ベルリンに住みついた年に、レッシングは『ユダヤ人たち』という喜劇を書き上げています（出版は一七五四年、この頃レッシングはユダヤ人の哲学者モーゼス・メンデルスゾーンと交誼を結んだ）。

『ユダヤ人たち――一幕の喜劇』（初演は一七六六年ニュルンベルクにて）

粗筋：身分不詳の旅行者は、ある夜ひとりの男爵が盗賊に襲われて身ぐるみを剥がされそうになっていたところを救助し、その縁で男爵の所領に客として逗留している。男爵のもとで働いているシュティッヒとクルンムは、実は男爵を襲った当の本人たちであったが、まだそのことは知られてはいない。彼らは近くに滞在している放浪ユダヤ人に盗賊の罪をなすりつけようとする。

旅行者：お前たちの主人のともかくの主張は、犯人はユダヤ人たちだったということだ。髭を生やしていたのは本当だ。しかし彼らの言葉は、こちらの地方のれっきとした農民言葉であった。彼らはたしかに顔を覆っていたと思うが、もしそうなら、おそらく夕闇にも乗じたのだろ

モーリッツ・ダーニエル・オッペンハイム『レッシングが観想学者ラーヴァターとメンデルスゾーンの家で語らう姿の想像図』（1856 年）

う。というのも、ユダヤ人が街道を危険にすることがあるなんて理解できないからね。彼らはこの国では非常に疎まれているのだから。

マーティン・クルンム：そう、そう、わたしも、あれはユダヤ人だったと本当に思います。あなたは、あの無頼の徒をまだあまりご存じでないのかもしれません。ユダヤ人である限り、彼らは、一人残らず詐欺師で、泥棒で、追い剥ぎなんです。それだから、彼らは神様に呪われている民なんです。私は王ではありませんけれども、もしそうであったら、絶対に一人残らず生かしておかないところでしょう。ああ、神様、どうかこの者たちから、まっとうなキリスト教徒すべてをお守り下さいますように。[*30]

男爵は旅行者を強いてなお滞在させる一方、男爵の娘は旅行者に恋心を抱き、侍女のリゼッテを使って、旅行者の素性を確かめようとする。リゼッテは、自分に言い寄るクルンムから贈られた煙草入れ（これは実はクルンムが旅行者からくすねたものである）を餌に、旅行者の従者であるクリストフに旅行者が何者であるかを探らせようとする。クリストフは最近従者になったばかりなのであった。最終的に煙草入れの行方が手がかりとなって、盗賊の正体が明らかとなるに至り、男爵は感謝の印として、その所領と娘とを謎の旅行者に約束するのだった。旅行者はついに素性を明かすが、彼はユダヤ人なのであった。

＊30　Gotthold Ephraim Lessing: Die Juden. Ein Lustspiel in einem Aufzuge. In: Gotthold Ephraim Lessing Werke und Briefe in zwölf Bänden. Bd.1 Werke 1743-1750, Frankfurt am Main 1989, S.452f.

旅行者：（所領と結婚の）お申し出は私には無益です。私の祖先の神は、私が必要とするよりも多くを与えてくれたからです。お返しとしては、あなたが私の同胞たちについて、これからは少し優しく、そして世間一般よりは少し偏見無くお考えになることよりほかに、何もお願い致しません。私は自分の宗教を恥ずかしく思うので、あなたがたを前にして私の素性を隠したのではありません。そうではなくて、あなた方が私に好意を持つ一方で、私の同胞を嫌悪なさっているのを見て取ったからなのです。そしてひとりの人間の友情というものは、その人がどんな人であれ、私にとってどんな時もとてもありがたいものであったからなのです。

（中略）

男爵：私があなたについて見ることはすべて私を魅了します。どうか一緒にいらしてください。罪人どもをしかるべき場所に送り込む手はずを整えなければなりません。しかし、ユダヤ人というのは、もし彼らが皆あなたと同じだとすれば、何と尊敬に値する人たちなのでしょうか！[*31]

『ユダヤ人』の発表は一七五四年になりましたが、それより前にこれを上演してくれる劇団はベルリンにはありませんでした。当時のベルリンの

＊31　Ebd. S.486f.

演劇シーンを席巻していたのは、フリードリヒ大王が巨費を投ずるイタリア語オペラと、同じく公的支援を受けるフランス語劇であり、一方庶民の人気を博したのは、やはりまだハンスヴルストでした。模範とすべき、啓蒙された人間像を描き出しても、それを迎える観客そのものが、まだベルリンでは誕生していなかったのでした。そこでレッシングは、「市民悲劇」という新しい形式を考え出し、『ミス・サラ・サンプソン――五幕の悲劇』（一七五五年）を書いて、この作品を、ケーニヒスベルクでの上演特許を得ていたコンラート・エルンスト・アッカーマン（一七一二―七一年）率いる一座に託しましたが、この作品の初演も、ベルリンではなく、大学都市フランクフルト・アン・デア・オーダーでなされました（一七五五年）。

その後レッシングはベルリンを離れ、七年戦争[*32]の中ブレスラウの要塞を守るタウエンツィーン将軍の秘書として一七六〇年から五年間活動し、そして一七六七年、ハンブルクの劇場に座付き批評家（劇評家）として招かれ、三年にわたり同地にて活動することになります。レッシングの足跡を辿って、ハンブルクでの演劇文化の展開を見る前に、この当時のベルリンの劇場文化の様子を、その後の展開も先取りして眺めておきましょう。

＊32　1756年から63年にかけて7年間，プロイセンとオーストリアとの間で戦われた戦争．オーストリアはシュレージエンを取り戻すべくザクセンやフランスと同盟し，プロイセンはイギリスと結んで戦った．

第8章　啓蒙主義II

ベルリン――ドイツ語演劇の新しい時代

フリードリヒ二世（大王）は、一七四〇年、国王になってからすぐに、オーストリアとシュレージエン戦争を始めて、四二年にはシュレージエンを獲得しました。その頃、フリードリヒはかねてより温めていた構想に基づき、オペラ座を建設させました。王立宮廷オペラ座は、今日は、州立劇場と名前を改めていますが、なお今日のベルリンの目抜き通り、ウンター・デン・リンデンに面して、代替わりはしたもの往時の威容を今日に伝えています。

フリードリヒは、ザクセン出身のカール・ハインリヒ・グラウン（一七〇四か五―五九年）を国王となってすぐに宮廷音楽家に任命してイタリアへ送り出し、同地で歌手をかき集めさせました。グラウンは宮廷オペラ座開幕にあわせてイタリア語オペラ『カエサルとクレオパトラ』を制作し、これが四二年一二月七日のこけら落としに合わせて上演されました。

ベルリンでのフリードリヒの文化政策は、オペラであればイタリア語、演劇であればフランス語、という風に貴族趣味を貫いており、晩年の一七七四年には、フランス人による宮廷劇団のために常設のフランス劇場をジャ

王立宮廷オペラ座（1792年）

ンダルメン市場の一角につくらせました。そのためフリードリヒの意向にそってここではラシーヌ、コルネイユ、ヴォルテールのフランス語の芝居が上演され、また大ヒットしました。レッシングの喜劇『ミンナ・フォン・バルンヘルム』（一七六七年）もフランス語に翻訳されて演ぜられました。

一方、当時のベルリン新市街のベーレン通りに面した建物の中庭に設営された舞台にて、市民向けの劇場でドイツ語による芝居をうったのがハインリヒ・ゴットフリート・コッホ（一七〇三―七五年）です。コッホはライプツィヒ大学で法学を学びましたが、二五歳の時、あのノイバー一座を知り、劇団の活動に身を投じたのでした。その姿は後のレッシングと重なりますが、ノイバー一座が一七四八年に破産して、一座に所属した人々がウィーンへと流れた時、彼はレッシングとは反対にウィーンを選択したのでした。その後、自ら一座を立ち上げて、再びライプツィヒやハンブルクで活動し、ドイツ語によるオペラと演劇とを舞台にかけましたが、晩年になって彼はベルリンのベーレン通りの劇場に活動の場を移したのでした。このベーレン通りの劇場にて一七七四年四月一二日に上演されたのが、前年に匿名で出版されて、センセーショナルな成功を収めていたゲーテの『鉄の手を持つゲッツ・フォン・ベルリッヒンゲン』でした（この後の九月にはライプツィヒの大市に『若きウェルテルの悩み』が並ぶことになります）。

ゲーテ自身が、『ヴィルヘルム・マイスターの修業時代』（一七九六年）

フランス劇場（左）とフランス教会

で記しているように、ドイツ騎士ものは当時の人々に好意をもって迎えられましたが、それは人々が自らの自画像を騎士の高貴な姿に投影して、それをドイツの民族的な精神として喜ぶことができたからだと考えられます。

ここでこの時代を代表する文化人であるゲーテについて紹介しておきましょう。ヨーハン・ヴォルフガング・ゲーテは帝国都市フランクフルトに皇帝付参与（実際の役職はない）のヨーハン・カスパー（一七一〇―一七八二年）を父として、フランクフルト市総督《シュルトハイス》（市長を管轄する立場の者）の娘カタリーナ・エリーザベト（一七三一―一八〇八年）を母として一七四九年に生まれました。その当時のフランクフルトは人口三万六千を数え、さまざまな市がひらかれ、また歴代の皇帝選挙とその戴冠式が行われる、経済、政治、文化の点で繁栄した都市でした。司教座教会もおかれた都市はルター派が多数を占め、両親もまたこれに属しました。ライプツィヒ大学で法学を修めた父ヨーハン・カスパーはフランクフルト市政の参与を望みましたが叶わず、旅行をするほかは主としてヨーハン・ヴォルフガングとその妹コルネーリアの教育に情熱を注ぎました。ヨーハン・ヴォルフガングは父の監督の下、ギリシア、ラテン、ヘブライの古典語、仏、伊、英のヨーロッパ各国語、絵画、ピアノにフェンシングと乗馬、そして法学を、父自ら、あるいは父が選んだ教師たち（その中には高校《ギュムナージウム》の校長も含まれる）により私的に授業を受けました。フランクフルトは七年戦争

ゲオルク・オスヴァルト・マイによるゲーテの肖像
（1779 年）

の間、帝国側の同盟軍として進駐したフランス軍の支配を受けましたが、その当時のゲーテは祖父からもらった無料パスを使い、劇場を学校として通ってはフランス語演劇に親しみました。早くから詩作に才能を発揮したゲーテはゲッティンゲンで詩学と古代研究を専攻するのを希望しましたが、父の強い反対があり、一六歳からライプツィヒで法学を学ぶことになりました。この地でゲーテは法学の他に詩学、哲学、歴史、神学を学び、自然史への関心を育て、また老ゴットシェートを訪ねました。一九歳のとき肺を病み一旦帰郷しますが、一七七〇年、二一歳のとき、学位をとるためにシュトラースブルクへ赴き、一年後国家法についての博士となります。同年フランクフルトで資格を得て弁護士として活動を始め、七二年には法学修養のため、ヴェッツラーの帝国最高法院の司法見習いとなります。七四年に『若きウェルテルの悩み』を出版し、これがもとで七五年にザクセン゠ワイマール゠アイゼナハ公国への招聘を受けて、翌年からカール・アウグスト公の参与として活動を始めました。その後、ワイマールの宮廷では鉱山開発、戦闘・道路建築委員長、イェーナ大学の運営、財務大臣、劇場監督など、様々な公務に携わり、八二年には貴族の称号を得ます。以下に、ベーレン通りの劇場で初演された作品を紹介します。

『鉄の手を持つ[*1]ゲッツ・フォン・ベルリッヒンゲン』（一七七三年成立）
（五幕構成の舞台は五〇箇所にもなり、劇の時間は幾日にもまたがる。そ

＊1　戦闘で右手を失ったゲッツは，指の伸縮が操作できる鉄製の義手をつけていた．

の点でこの劇は、フランス古典劇での作法、三一致の法則を意図して破っている）

粗筋

第一幕：舞台は一六世紀のフランケンであり、騎士ゲッツ・フォン・ベルリッッヒンゲンは、バンベルクの司教と敵対関係にある。ゲッツの幼なじみであるヴァイスリンゲンは、「神と皇帝と自分自身にのみ従う」[*2]騎士のプライドを捨てて、バンベルクの司教に仕えている。ヴァイスリンゲンをゲッツは捕らえて、自らの側に寝返るよう説得する。ゲッツの城に滞在するうちにヴァイスリンゲンはゲッツの妹マリアを愛し結婚することになる。

第二幕：ところが、バンベルクの司教側の工作にあってヴァイスリンゲンはバンベルクの宮廷に戻り、そこに侍るアーデルハイトの色香に迷ってゲッツとの同盟もマリアとの結婚も捨ててしまうことになる。

第三幕：ヴァイスリンゲンは皇帝マクシミリアンに働きかけて、ゲッツが領地で蟄居するという命令を引き出すことに成功する。一方、ヴァイスリンゲンに去られたマリアをゲッツは、歴戦の強者である騎士フランツ・フォン・ジッキンゲンと娶せるが、自身は居城にて皇帝側の軍に包囲され、籠城の後、投降を余儀なくされる。

第四幕：帝国都市ハイルブロンへゲッツは移送され、そこで投獄されそ

＊2　Vgl. Johann Wolfgang von Goethe: Götz von Berlichingen mit der eisernen Hand. Ein Schausprel. In: Goethes Werke Bd.IV, München 1994, S.90.

うになるが、折良く婿ジッキンゲンが手勢二百とともに都市に押し寄せ、ゲッツの引き渡しか、さもなくば都市の劫掠を迫り、その結果ゲッツは窮地を脱する。

第五幕：農民戦争（一揆）が起こり、その頭目としてゲッツが求められる。ゲッツは、貴族を殺めるような狼藉を控えるよう、首謀者たちにもとめ、その条件で頭目の役を引き受けるが、その約束はまもなく破られる。領地での蟄居の命令に違反したゲッツは追われる身となり、負傷してジプシーの一団に救われる。一方、ヴァイスリンゲンは小姓フランツによって間男をされた上に、アーデルハイトからもたらされた毒をもられて落命する。アーデルハイトに対しては秘密裁判（覆面の者たちが地下で欠席裁判を行う）が行われ、その命をねらう追っ手が差し向けられる。ゲッツは再びハイルブロンにて塔（＝牢獄）に囚われの身となり、牢獄の中庭で小春日和の穏やかな日差しを浴びつつ、死を迎える。

ゲッツ（の最期の言葉）：ありがたいことだ、あいつ（彼の小姓ゲオルクを指す）はこの日のもとで一番の若者で、勇敢だった。――神よ、私の魂を今はお迎え下さい。――かわいそうな妻よ、お前をこの腐った世界に置いていくことになる。レルゼよ、彼女から離れるでない。――そなたらの心を、門よりもしっかりと閉《とざ》しておくのだ。偽りの世が来るだろう、偽りに自由が与えられたのだ。くだらぬ連中が、悪巧みでもって支配するだろう、そして高貴なる者たちは罠にかかるだろう。マリアよ、お前には神が夫を返して下さるように。願わくは、あいつが高く上ったのと同じ分だけ低く没落することがなければ良いのだが。ゼルビッツ（ゲッツの仲間の騎士）は死んだ、良き皇帝も、そして私のゲオルクも。――水を一杯くれ。――天国の風が吹く――自由、自由だ。（死ぬ）＊3

騎士ゲッツを理解するためには、伝説の騎士ローラントを思い浮かべてみれば良く、「神と皇帝と自分自身にのみ従う」のが騎士ゲッツの面目といえます。歴史上実在したゲッツはルターの同時代人であり、劇の中では、ルターの人文主義とは異なって、実力で司教と皇帝とに相対した形です。すでにバロックの章で見たとおり、フランケン地方で勢力を持った歴代のヴュルツブルク司教たちの奢侈は、ゲッツのような独立不羈の騎士たちの衰退の結果でもあるでしょう。しかし、バロックの次の啓蒙の時代には、かつて司教と闘った騎士の独立と自由の精神こそが、市民の模範とすべき理想像として新しく浮上してきたと捉えることができます。そしてゲッツの舞台上での復活の裏にある精神を、危険と思うのは支配者の側であり、その代表がプロイセン王フリードリヒ二世でした。フリードリヒが匿名のフランス語の論文で、ドイツ語による演劇、しかもフランス風の三一致の法則ではなく、この法則を無視したシェイクスピアの流儀による

＊3　Ebd., S.175.

ゲーテの新しい演劇を酷評したのは、その形式のためだけではなかったでしょう。

フリードリヒ二世の「劇評」：『ドイツ文学について』（一七八一年、匿名でハンブルクで出版）より

シェイクスピアについては、奇妙な逸脱を許してやることが出来る。芸術が誕生したとしてそれは彼らの成熟の段階にあるわけでは決してないからだ。しかし、舞台に上った『ゲッツ・フォン・ベルリッヒンゲン』に戻れば、これはできの悪いあのイギリスの作品の不愉快な模造品である。それなのに平土間の連中は喝采して、熱狂的にこの大変不潔ながらくたのアンコールを要求するのだ。*4

しかしながら、『ゲッツ・フォン・ベルリッヒンゲン』と『若きウェルテルの悩み』が登場してくる時代こそは、まさに市民文化の時代なのであり、市民は自らの自画像となるドイツ語の芝居をこそ求めていたのでした。それが次に紹介するドイツ民族劇場の興隆へとつながります。

ジャンダルメン市場のフランス劇場は、七八年を最後にフランス語の演劇は行われなくなり、フリードリヒが亡くなって、その甥のフリードリヒ・ヴィルヘルム二世（一七四四—九七年）が国王を継承した後に、これ

＊4　Friedrich II.: De la Littérature allemande. Hamburg 1781, S.53.

によりフランス劇場は一七八六年、ドイツ民族劇場 das Deutsche Nationaltheater へとあらためられました。ここで年間運営費五千ターラーと興行特権とを得て、劇場運営にあたったのはカール・テオフィール・デッベリーン（一七二七―九三年）であり、彼はベーレン通りの劇場でコッホの後にドイツ語の芝居の興行を行った人でした。

ドイツ民族劇場――ハンブルクのレッシング

ドイツ語を話す人々をテーマとして演ぜられる劇場は「ドイツ民族劇場（ナツィオナール・テアーター）」と呼ばれ、この時代のドイツ語圏の都市に芽生えた文化です。ハンブルク（一七六七年）を皮切りに、ウィーン（一七七六年）、マンハイム（一七七九年）、そしてベルリンと、各所でドイツ民族劇場は誕生し、貴族も含めて、都市市民は、自らの姿を写し出すような、あるいは手本とすべき人間の姿を舞台に見出すことになったのです。その始まりとなるハンブルクのものをまず見てみましょう。

ハンブルクは一二世紀に皇帝バルバロッサから与えられた港湾と交易の特権によって都市として発展し、一四世紀にはハンザ都市となり、一五一〇年からは帝国都市となりました。レッシングの頃もイギリスとフランスとの貿易拠点として栄え、ドイツで最も自由で豊かな都市であり、人口数ではウィーンについで二番目に大きく約七万人でした。一六七八年には、ハ市長ペーター・リュトケンス（一六三六―一七一七年）の発案により、ハ

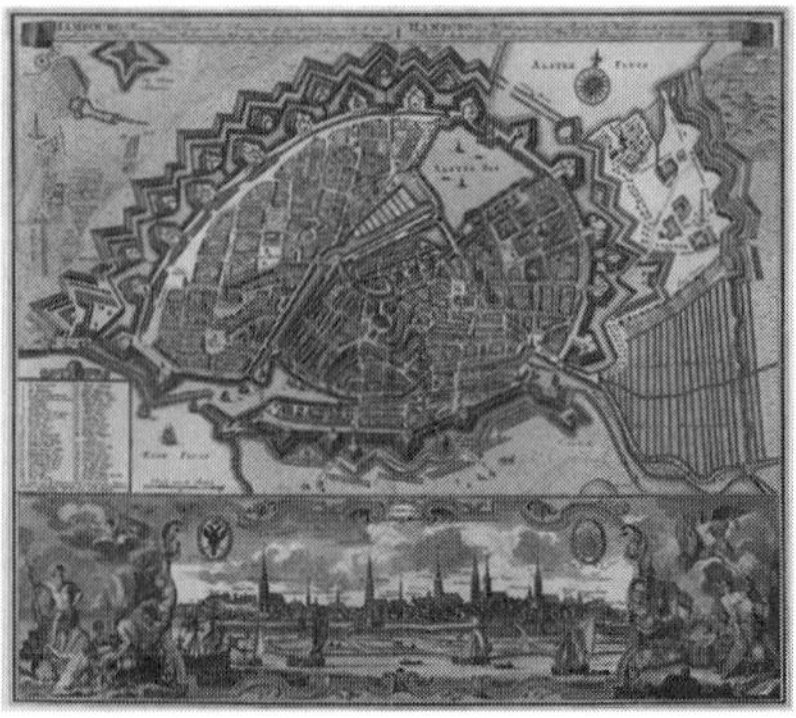

ハンブルク（1730 年頃）

ンブルクの「がちょう市場」にオペラ座が設立され、一七二二年には、バッハと並んでドイツのこの時期を代表する作曲家ゲオルク・フィリップ・テーレマン（一六八一―一七六七年）が運営の指揮をとるなどして栄えましたが、観客数の減少にその後は悩まされて、一七六四年にはついに取り壊されました。一七六七年、その同じ場所に新たに建てられたのが、ハンブルク企画と名付けられた一私営劇場であり、これが「ドイツ民族劇場」と後に呼ばれ、その後のドイツ語圏における劇場の最も重要な潮流をなすものとなりました。この常設劇場は文学者ヨーハン・フリードリヒ・レーヴェン（一七二七―七一年）を責任者として、裕福な商人たちによって運営されました。このハンブルク企画の座付き批評家（劇評家）として一七六七年から招かれ、三年にわたり同地にて活動したのがレッシングでした。この地でレッシングは、劇場とは市民が悲劇を見るための場所であると、一七六八年二月五日の劇評記事で述べています。

演劇的形式というこのやっかいな仕事は何のためにあるのだろうか？何のために一個の劇場が建てられ、男たちと女たちが衣装を纏い、記憶力を酷使し、都市の住民全部が一箇所に詰め込まれるのだろうか？もしも、私が自分の作品とその上演とで、以下のものを生み出すより他の何ものも望まないのであれば。すなわち、上手な物語りであったり、誰であれ家の隅で読むことにより、恐らくはまた惹き起こされるであろう、

「がちょう市場」のオペラ座．こけら落しの演目は，ヨーハン・タイレによる『創造され，墜落し，復活させられた人間アダムとイブ』

いくばくかの感動だけなのだとすれば。**演劇的形式とは、同情《ミットライト》と怖れ《フルヒト》とが呼び起こされる唯一の形式なのだ。**少なくとも、他の形式ではこうした激しい感情がこのような高いレベルで呼び起こされることはあり得ないのだ。それなのに、およそこれ以外のあらゆるものをむしろ演劇的形式のなかで呼び起こそうと努めている。演劇的形式を、それが主として適しているものより他の、ありとあるもののために用いようとしているのだ。

観客は満足する。――それは良いことでもあるが、また良くないことでもある。というのも、いつも満足しなくてはならない食事を、ひとが本当に求めているとは限らないのだ。

ギリシアとローマ時代の観客がいかに熱心に演劇というものを求めていたかはよく知られている。とりわけ、悲劇的な演劇をだ。その反対に、いかにわれわれの観客は劇場というものに関心がなく、また冷淡であることだろうか。この違いは以下の理由によるのだ、すなわち、ギリシア人たちは彼らの舞台を前にして、非常に強力で、とてつもない感情を抱いて熱狂したので、そうした感情を繰り返し繰り返し体験する瞬間を待ちきれない程だったからだ（強調引用者）。[*5]

ギリシア悲劇の復活を目指して、バロックの時代にドイツ語オペラが上演され、そして、ついに専用の劇場で、ドイツ語による演劇が行われるよ

＊5　Gotthold Ephraim Lessing: Hamburgische Dramaturgie. In: Gotthold Ephraim Lessing Werke und Briefe in zwölf Bänden. Bd.6 Werke 1767-1769, Frankfurt am Main 1985, S.580f.

うになりましたが、レッシングの理想は、ギリシア悲劇が持っていたと彼の考えた「同情と怖れ」を再現することでした。この言葉はアリストテレスによる悲劇の定義へと遡りますが、ドイツ語を話す人々は、古代アテネのディオニュソス劇場の演劇文化を取り戻すべきだとレッシングは考えているのです。ただし、それが大変に困難であることをこの劇評は述べています。

悲劇に観客が興味を持つために新しい試みとして、ベルリン時代のレッシングは、「市民悲劇」という新しい形式の作品を考え出していました。一七六七年六月一六日の劇評記事は、「市民悲劇」をフランスにはない、ドイツ独自の演劇のジャンルとして位置づけています。

王侯と英雄たちの名前は華やかさと威厳とをひとつの作品に与えることができる。しかしそれらは感動を呼び起こすのに何も貢献しない。その境遇が私たちのものに最も近い人々の不幸というものは、当然のことながら私たちの魂の最も深いところに達するに違いないのだ。そしてもしも私たちが王たちに同情を持つとすれば、それは私たちがその同情を、王としてではなく、人間としての彼らに対して持つからである。彼らの地位がしばしば彼らの不幸をより重要なものにするとしても、だからといって、地位がその不幸をより興味深くすることはない。たとえ全民衆がその不幸に関わりを持つとしても、私たちの同情は、一人の対象を求めるのであって、一個の国家は、私たちの感情にとってはあまりにも抽象的な概念なのである。[*6]

バロックの王侯たちが、権力を持った自らの豪華な姿を映し出す鏡の役割を劇場に望んだように、市民たちもまた、自らの姿を映し出す鏡を劇場に求めるものとレッシングは考えています。しかしながらレッシングのこの期待とはうらはらに、ハンブルク企画は二シーズン（シーズンは普通秋に始まり翌春まで）で経済的に破綻してしまいました。一方、商業都市が持つ投機的機運に感化されたレッシングも自ら出版社を立ち上げ、出版の売り上げが作家の経済的利益に連動する仕組みでその運営を図りましたが、まもなくこれも頓挫しました。未亡人エーファ・ケーニッヒ（一七三六―七八年）との結婚を視野に、経済的な安定を図って、レッシングは一七七〇年から、ブラウンシュヴァイク＝ヴォルフェンビュッテル公の廷臣として仕え、ヴォルフェンビュッテルにある図書館――ブラウンシュヴァイク＝ヴォルフェンビュッテル公に仕えたライプニッツもまたこの図書館の四代前の司書として運営に関わった――の司書として、その晩年の一一年間を生きることになります。

レッシングはもう一度「市民悲劇」となる作品『エミーリア・ガロッティ』（一七七二年）を、ブラウンシュヴァイク・ハーゲン市場のオペラ座で、デッベリーン一座によって演ぜられるために書きました。ローマに題材を

＊6　Gotthold Ephraim Lessing: Hamburgische Dramaturgie. In: Gotthold Ephraim Lessing Werke und Briefe in zwölf Bänden. Bd.6 Werke 1767-1769, Frankfurt am Main 1985, S.251f.

1887 年に取り壊された，かつての図書館
（ヴォルフェンビュッテル）

取った『エミーリア・ガロッティ』は、ゴットシェートの『死せるカトー』に本卦還りしたかのような印象を与えます。ドイツを舞台とする悲劇は、ゲーテの『鉄の手を持つゲッツ・フォン・ベルリッヒンゲン』（一七七三年）を待たなくてはなりませんでした。

マンハイム

ベルリンでのゲーテに続き、マンハイムのドイツ民族劇場でドイツを舞台とした演劇によって巨大な成功を収めたのが、フリードリヒ・シラー（一七五九―一八〇五年）の『群盗 Die Räuber』（一七八一年）です。原作は同時代のフランケンを舞台としていましたが、それでは不都合があるというので上演のときには三百年前の時代に設定を変更されました。無神論を語り、父を幽閉し、世直しのためにテロリストたちが馬に乗って舞台に登場し、共和国の理念を語り、発砲し、恋人を刺殺し、最後に投降して終わる芝居が演ぜられた「劇場は、瘋狂院のようだった。観客席では目を泳がせるものあり、拳を振りかざすものあり、声を限りに叫ぶものありという有様だった。見知らぬ者同士がむせび泣きながら互いに抱き合い、ご婦人方はほとんど気絶しそうになりながら、よろめきつつ出口へと向かった。どこもカオスのような混乱であった。このカオスの靄の中からしかし、ひとつの新しい創造が生まれ出たのだ。」[*7]そのように記録された、ドイツ演劇史上空前絶後の成功をシラーはおさめたのでした。

*7　Vgl. Anton Pichler: Chronik des Großherzoglichen Hof- und National-Theaters in Mannheim, Mannheim 1879, S.67f.

ヴォルフェンビュッテルの城とその手前にある，公から贈られたレッシングの居宅．右側に図書館があるが，今日のものは代替わりしている

マンハイムの演劇文化の出発点は、やはり宮廷オペラ座でした。プファルツ選帝侯（＝ライン宮中伯）カール・フィリップ（一六六一―一七四二年）は一七三七年、城の西側翼部にオペラ座の建設を命じ、これは一七四二年一月、後継者であるカール・テオドール（一七二四―九九年）の結婚式に合わせて落成しました。ここでの芝居として最初はフランス喜劇（ヴォルテール、ラシーヌ、コルネイユ）が宮廷専属の俳優たちによって演ぜられました。

プファルツ選帝侯カール・テオドールは文化と芸術に理解をもちその庇護者でした。一七六三年、歴史と自然科学の二部門を研究するマンハイム科学アカデミーを、一七八〇年にはさらに気象学協会を設立して、侯は学問文化の発展に貢献しました。さらにはマンハイム城に銅版画・絵画館を敷設し、宮廷楽団を拡張発展させました（一七七七年、モーツァルトも客演した）。一七七五年、カール・テオドールは、「プファルツ選帝侯のドイツ語協会」[*8]を設立し、また武器庫を改めて、ドイツ語の芝居が演ぜられるよう、新たな劇場の建設を命じました。しかし、カール・テオドール自身は、後継者の絶えたヴィッテルスバッハ家を継ぐべくミュンヘンへと宮廷を移してしまいます。その後、演劇をマンハイムの経済的発展のための呼び水としたい、プファルツ＝ライン宮廷副大臣ヴォルフガング・ダールベルク男爵は、一七七九年、同劇場を「ドイツ民族劇場 Deutsches National-theater」に改め、新進無名の、しかも隣国ヴュルテンベルク公国の軍医

＊8　会員にはレッシングも名を連ねた。

ヨーハン・ゲオルク・チィーゼーニス『カール・テオドール侯』（1744 年）

の脚本を採用して上演させました。それがシラーの『群盗』でした。

フリードリヒ・シラー

宿屋「金獅子亭」の看板娘だったエリーザベトを母として、流れ者の軍医カスパーを父に持ち、シラーは一七五九年、ヴュルテンベルク公支配の小さな田舎町マールバッハに生まれました。八歳からラテン語学校に通い、本人は牧師になることを願っていましたが、一四歳の時、ヴュルテンベルク公カール・オイゲン（一七二八―九三年）の命令により、公が設立した軍人養成学校（カール学院）に強制的に入学させられました。公は、領内の優秀な子弟をかき集めて、将来は官僚か軍医となるように強制したのでした。シラーは軍医となる道を選びましたが、詩と作劇への衝動は止みがたく、二二歳の時に『群盗』を書いて自費出版し、そのために大きな借金も作ってしまいました。そして一七八二年一月一三日、フリードリヒ・シラーはマンハイムのドイツ民族劇場をお忍びで訪れ、自らの作品の初演を見守ったのでした。作品の成功にもかかわらず、自作初演のために無許可で国外旅行をした廉でシラーは逮捕・投獄されました。

『群盗』

（舞台はドイツ。劇が演ぜられるのは、ドイツで一四九五年の永久平和令*9が出された頃である）

*9　Ewiger Landfriede：ヴォルムスの帝国会議の折，これまで許されてきた仇討《フェーデ》を禁止し，損害の回復を帝国および領邦の司法による裁定に委ねるとした決議をさす．

アントーン・グラッフ『シラーの肖像』（1790 年頃）

粗筋

第一幕：フランケン地方（今日のバイエルン州の北側半分にあたる地域）にあるモール城にて、無神論者の弟フランツは、継承権を得るため年老いた父と兄カールとの不和を引きおこそうと画策する。カールは（ライプツィヒの）学生であるものの、世の中に対する不満ゆえに、仲間達と小さな悪戯を重ねてきたが、父への詫び状を書いてこれまでの行状を改めるつもりでいた。ところが、フランツから廃嫡を知らせる偽りの手紙を受け取って、カールは絶望し、誠意と真心とが受け入れられない世の中への復讐を誓う。カールは仲間と供に盗賊団を結成し、その首領におさまるのだった。

第二幕：フランツは父の死期を早めるために、召使いヘルマンに強いて旅人に変装させ、カールの死を父に報告させ、さらに従姉妹でカールの許嫁であったアマーリエとフランツとの結婚が、カールからの遺言であると伝えさせる。父モールは、カールを破滅させた自責の念に駆られ昏倒するが、それをフランツは死として偽装する。一方、ボヘミアの森ではここを根城とする盗賊団の所業がそれぞれの口から語られる。無実の町医者が盗賊団の一員であると讒訴され拷問された結果、自白し処刑されたこと、女子修道院を襲って火を付け陵辱を加えたこと、目を付けた候補者を破産あるいは破滅させてから盗賊団へと勧誘したことなど。

このように盗賊団が不埒な悪行と無法とを重ねるのに対して、カールは義賊であろうとし、悪を悪によって成敗しようとする。悪に対する彼の復讐と、これと対照的な手下たちによる恣な悪との共存が盗賊団を特徴付けている。やがて群盗（八十人）は森の中で騎兵隊に包囲され、降伏をすすめる交渉役として牧師が登場するが、カールは、大将一人の首を条件とする牧師の偽善をあざ笑い、皆と供に包囲を強行突破する。

第三幕：モール城ではアマーリアに言い寄ったフランツが頬を打たれる。一方、群盗たちは包囲を脱してドナウ川の辺で憩う。カールは腹心を一人失ったが、相手方は三百人が戦死した。カールは群盗のただ一人も見捨てない、という誓いをたてるが、これが後に命取りとなる。そこへボヘミアの若い貴族コジンスキーが群盗に加わるべく志願して現れる。彼は市民の娘（名をアマーリアという）と婚約をし、明後日結婚という日になって宮廷から呼び出され、無実の罪を着せられて投獄された。その間アマーリアは、許婚の助命と引き替えに、殿様の妾になる取引をさせられた。コジンスキーは復讐をなそうとするも未然に取り押さえられ、名誉剥奪と領地没収の上、国外追放の刑に処せられたという（小さな国での王の横暴はこの時代日常茶飯事だった。六つのドイツの国からおよそ三万人がイギリスへ兵士として売却され、うち三分の一以上がアメリカでの植民地戦争を生き延びることができなかった、という例もある）[*10]。この一種の劇中劇を通してカールは自らの境遇に思いを馳

＊10　ギュンター・デ・ブロイン：ジャン・パウルの生涯，九州大学出版会 1998 年，74 頁参照.

せ、故郷へと赴くことになる。

第四幕：カールは偽の伯爵に扮してモール城に帰郷し、アマーリアの志操を試す。フランツは伯爵の正体を見破って刺客をさし向けるが失敗する。朽ち果てた城のもとでカールは自殺を考えるが、思いとどまったところへ、その城の塔から、父モールが幽霊のように現れる。父は息子フランツによって亡き者とされて、この塔に幽閉されていたのだった。父に自分の帰還を悟られぬままに、カールは復讐を誓う。

第五幕：フランツは無神論者であったはずなのに、罪の意識から逃れられず、最後の審判に似た悪夢に苛まれる。彼は悔悟のために牧師を呼び寄せるが、懺悔することはできず、群盗が城に押し入る前に縊死する。最終場ではアマーリアが現れ、カールを許婚として抱擁する。カールは血塗られた群盗の首領であるとの立場を明らかにし、これに驚いて父は死んでしまうが、アマーリアはそれでもなおカールを愛する、という。カールは幸福の絶頂となるも、群盗は、アマーリアを捨てて誓いに忠実であれと迫る。アマーリアは捨てられる境遇に絶望し、死を願うと、カールはアマーリアを殺し、そして群盗の首領であることを放棄し、法の裁きに身を委ねると決心するところで終幕となる。以下は、劇場用台本からは削除された、カールの本来の台詞である。

カール：世の中を恐怖によって美化し、法を無法によって正そうなどと思い上がった私がばかだった。これを復讐だ正義だと呼んできたのだ。摂理よ、あなたのこぼれた刃を研ぎ、不公平をなくそうと考えたのだ。むなしく子供っぽい行いだった。それでいま、私は身の毛もよだつ人生の奈落を前にして、歯をふるわせて嘆きつつ思い知ったのだ、私のような人間が二人もあれば、道徳世界は根本から破滅してしまうだろう、と。あなたに先んじようとした子供をどうか許して欲しい。復讐はただあなただけが行うもので、人間の助力など必要とはしない。過去を取り戻すことは、もちろんもはやできない。破滅したものは、破滅したままなのだ。私が破壊したものは、もはや永遠に立ち上がることはない。しかし傷つけられた法を元通りにし、虐げられた秩序を回復させるために残されたものが、私にはなおある。秩序は犠牲を必要とする。この犠牲が、秩序は不可侵の権威であることを、全人類に知らしめるのだ。そしてこの犠牲とは私自身であり、私自身が秩序のために死ななくてはならないのだ。[*11]

シラーの芝居が成功を収めた理由は、何よりも劇中で発せられる、当時の政治状況に対する批判が市民たちを驚愕させたからと考えられます。時代遅れになった神聖ローマ帝国と領邦とを共和国に改める夢を語るカールは、隣国フランスに迫りつつあった革命を先取りしています。しかし、それがドイツの場合は、フランスと異なり芝居の中での夢物語に過ぎず、群

*11　Friedrich Schiller: Die Räuber. Ein Schauspiel. In: Friedrich Schiller Werke und Briefe in zwölf Bänden. Bd.2 Dramen I, Frankfurt am Main 1988, S.159f.

盗というテロリスト集団が世直しの戯画を描く構図が、当時の世の中に蔓延していた期待と失望とをグロテスクに映し出したという点が喝采を浴びたのでしょう。シラーの『群盗』の世界は、後の世が実現していく、より自由で公平な社会に対する市民の希望を先取りしたものではあります。一方でその希望が領邦君主との関係で失望へと反転する閉塞感があったために、無法を行う群盗に痛快さを感ずることとなったのでしょう。ドイツ語圏における演劇の文化は、ギリシア悲劇の復活を目ざす中で発展してきました。バロックの時代には王侯の神話化された鏡像を舞台は映し出したのですが、啓蒙の時代が進むにつれて、古代アテネが享受したのと同じ共和制の夢を、グロテスクな形ではあれ、語り始めたのであり、ドイツ民族劇場はついに市民たちの自由という、領邦君主の存在とは本来相容れない理念を描き出すようになったのです。

とはいえ、カール学院への強制入学という形で領邦君主の専横を被ったシラーは、今また『群盗』を世に送り出すことによって、文学的表現を君主によって向後禁止され、亡命を余儀なくされます。表現の自由と、市民としての存在とは相容れぬものとして、シラー個人の運命に降りかかり、なおそれが、当時のドイツ語圏の市民の現実を象徴していたとみることができます。

ワイマール――ゲーテとシラー

ワイマールでの常設の劇場文化はすでに一七七一年に、摂政役のアンナ・アマーリア公妃（一七三九―一八〇七年）によって成立していました。一七七六年からゲーテは、君主となったカール・アウグスト公（一七五七―一八二六年）の参与としてワイマールの宮廷で活動し、様々な公務に携わりましたが、そのなかには劇場監督の仕事も含まれました。一方、シラーは、一七八二年にヴュルテンベルク公国から逃亡し亡命生活に入り、一七八三年からマンハイムのドイツ民族劇場で座付作者として活動しました。翌年にはマンハイムのドイツ語協会で「よき劇場はどんな効用をもたらすか」というタイトルの講演を行ったりもしましたが、座付作者の契約は一年で打ち切られてしまいました。一七八四年にダルムシュタットの宮廷で新作『ドン・カルロス』の朗読を行った際、客人として居合わせたカール・アウグスト公の知遇をえて、ワイマール宮廷の参与の称号を得ることができました。シラーは友人たちの援助を得ながら文筆活動を続け（この頃の一七八五年につくられたのが詩『歓喜に寄せる』）、一七八七年ワイマールに辿り着きましたが、運命の打開を期待したゲーテはイタリアへ長期の旅行中で会えずじまいでした。ですが最終的には、そのゲーテの推挽もあり、『オランダ離反史』という歴史書を前年に著していたシラーは、八九年からイェーナ大学に員外教授として活動し始めました。すでに人気作家となっていたシラーの登場は大学で大きな話題となりました。シラーは歴史と美学を講じ、九四年からゲーテとの共同活動が本格的に始まりました。九七年にはシラーは劇作家としての活動を一〇年ぶりに再開し、九九年には宮廷と劇場があるワイマールへ移住しました。ゲーテとの共同によって成立したのが韻文によるシラーの『ヴァレンシュタイン』（一七九八―九九年）三部作であり、これはギリシア悲劇の、ドイツ語による再生を目指して、ワイマール宮廷劇場の改装にあわせて上演されました。（一七九八年一〇月一二日：プロローグ＋ヴァレンシュタインの陣営、一七九九年一月三〇日：ピッコロミーニ、同年四月二〇日：ヴァレンシュタイン）

『ヴァレンシュタイン』の「プロローグ」――ワイマール古典主義

シラーは、当時の劇場演目の流行を支配していたアウグスト・ヴィルヘルム・イフラント（一七五九―一八一四年）やアウグスト・フォン・コッツェブー（一七六一―一八一九年）の市民悲喜劇を自らの芸術の対極と捉えていました。当時彼らの作品は、その数、上演回数、劇場での成功の点で、ゲーテやシラーの作品を圧倒していました。シラーはこの『ヴァレンシュタイン』に先立つ二年前に『シェイクスピアの影』（一七九六年）という詩を書き、その中で当時のドイツの劇場の現状を批判して次のように記しています。

（喜劇《タリーア》の女神の軽やかな舞いも、悲劇《メルポーメネー》の女神の厳かな歩みも）
何もない。我々を感動させるのは、キリスト教的で道徳的なもの、
全く大衆的で、家庭的で、市民的なものだけだ。*12

イフラントやコッツェブーの作品がテーマとするのは基本的に家族であり、家族にもたらされた様々な葛藤とその解消を描いて、回復された家族の秩序の中にひとつのユートピアを見ようとするものでした。*13

一方で、シラーの演劇作品は、文学史の中では、ワイマール古典主義、あるいは擬古典主義 Klassizismus と呼ばれ、ギリシア悲劇を形式的にも内容的にも再生させようとしたものでした。ただし、その舞台に登場する主人公は、レッシングの場合とは異なり、ヨーロッパ近代の歴史上の人物です。ヴァレンシュタイン、マリーア（メアリー）・ステュアート、ジャンヌ・ダルク、ヴィルヘルム・テルと、ワイマール古典主義時代のシラーが韻文という詩によって舞台に登場させたのは、歴史が大きく動く局面で活動した人物たちです。これら人物たちに共通するのは、自由への意志であり、それは封建制社会の中では、許容されることのない情熱ですが、人類の歴史が未来へと向けて完成するというシラーの考えの中では、敗北したとしても繰り返し希求され、個人によって示されるべきものでした。

シラーよりもずっと長生きしたゲーテは後年、ジャーナリストの先駆けとも言えるヨーハン・ペーター・エッカーマン（一七九二―一八五四年）

＊12　Friedrich Schiller: Shakespears Schatten. In:Friedrich Schiller Werke und Briefe in zwölf Bänden. Bd.1 Gedichte, Frankfurt am Main 1992, S.160.

＊13　そのジャンルは感傷劇とも呼ばれる．外部の世俗世界への失望を購うのに，家族と家とを偶像化して逃避するとする批判がある一方で，感傷劇は本質的に，家族への国家の干渉を拒絶し，模範的な家族像を描くことで，家族の内部で実現される道徳と公共性を外部社会に反映しようとする政治的な要請を持つと評価される．Vgl. Gert: Hansers Sozialgeschichte der deutschen Literatur vom 16. Jahrhundert bis zur Gegenbart, hrsg. v, Bd.4. Klassik und Romantik Deutsche Literatur im Zeitalter der Französichen Revoltion 1789-1815. München Wien. 1987. S.313-328.

との対話の中で、この自由への意志について次のように語っています。

シラーの全作品を、自由をめぐる考えが貫いている。この自由は、シラーが自分の教育を進めていき、彼自身が変化して行くに従って、異なる姿をとるようになった。彼が若いときの自由は物理的なもので、これに取り組むなかで、それが彼の文学となった。後の彼の人生で自由は観念的なものになった。自由とは奇妙なものだ。足ることを知り、見つけ方を知っていれば、誰もがたやすく持つことができる。私たちが使いもしない自由を多く持っていたとして、それが何になろうか。[*14]

とはいえ、ワイマール時代のシラーの擬古典主義悲劇[*15]は、劇場総監督のゲーテとの密接な協調の中で誕生し、シラーはその中で、新しいドイツ語表現にもとづく、新しい人間像の創出を行ったのでした。

次に引用する『ヴァレンシュタイン』の「前口上《プロローグ》」（一七九八年）の背景には、フランス革命が控えています。

新しい時代、演劇芸術のために
今日この舞台で始まるこの時に、
詩人もまた大胆に古き道を捨て、

＊14　Johann Peter Eckermann: Gespräche mit Goethe in den letzten Jahren seines Lebens, Baden-Baden 1981, S.199.

＊15　英語でクラシックと言い表される古典主義は，ドイツ語ではクラシクといい，そのもともとの意味合いは，お手本となる基準ないし規範を尊ぶというものである．文学作品として，キケローやホラティウス，ウェルギリウスといったローマ時代の作家たちの作品が仰ぎ見られたのから進んで，広くローマの古典古代期の芸術の様式を手本として尊ぶ考え方を古典主義という．ドイツ語圏では18世紀の中程から言葉としてよく使われるようになった．

あなた方を市民生活の狭い集いから解き放ち
より高い舞台に据える。
我々が努力して進んでいくこの時代の、
崇高なる局面に相応しく。
なぜならば偉大な人物だけが
人類を根底から揺さぶることができる。
狭い集いの中でなら感性は萎縮するが、
人間とは偉大なる目標を得て成長するものだ。

そして今、世紀が厳かに終わりを迎えるこの時、
現実さえもが虚構となり、
力を手にした者たちが
意義ある目的を巡って闘うのを我らが目の当たりにし、
人類の大いなる対象を巡り、
支配と自由とを巡って闘われるこの時こそ、
芸術は彼らの影絵となる舞台の上で
やはりより高い飛翔を試みても良いだろう。
いやそうでなければならない。
現実の生の舞台を芸術は辱めてはならないのだ。

我々は今日、百五十年前には歓迎された条約が
ヨーロッパの諸帝国に与えた
古くてしっかりとした形が
崩れゆくのを目にしている。三十年間にわたる苦しみに満ちた
戦の日々の貴重な実りであったものが。
今一度詩人の想像力によって
憂鬱な時代があなた方のもとを過ぎゆくのをお許しいただきたい。
そしてより愉しい気分で現在と、
未来の希望多き彼方と見つめていただきたい。[*16]

三部作『ヴァレンシュタイン』の内容はルネサンスの章、三十年戦争のところで紹介した通りです。

まとめ

啓蒙時代の文化は、君主の側がバロック時代に完成した文化を受け継ぐ一方で、都市市民の側で、聖俗の権力からの内面的な自立が啓蒙という形で行われ、市民が自画像を、かつてのバロック君主と同じように、舞台の上に求めていた時代と理解することができます。勃興するドイツ語演劇の機運は、ドイツ語による演劇のための場である「ドイツ民族劇場（ナツィオナール・テアーター）」をドイツ語圏の各地に生みだしました。国民

＊16 Friedrich Schiller: Prolog. In Friedrich Schiller Werke und Briefe in zwölf Bänden. Bd.4 Wallenstein, Frankfurt am Main 2000, S.14f.

今日のワイマール・ドイツ民族劇場の前に立つゲーテとシラー像（1857年製作）

（ナツィオーン）というものがまだ存在しなかった時代に、劇場は民族文化を意識し、共有できる場所となりました。そして一方で、ドイツ語の芸術であるドイツ語演劇は、バロックの時代にイタリア語と競うように芽生えたドイツ語によるオペラの後継として、ギリシア悲劇の復活を目指し、最終的には、エルネスト系ヴェッティン家支配のワイマールにて、フリードリヒ・シラーの手によって復活を果たしたのでした。シラーの擬古典主義悲劇は、古代の異国の出来事ではなく、ドイツ語を話す人々の現実に関わる歴史的な出来事を、ドイツ語の詩によって美的に演出したのでした。

大きく見るならば、ギリシア悲劇の復活を目指す、ルネサンスからの芸術的運動とは、古典古代を理想として、ドイツ語の文化を改良し発展させる試みであったと理解することができるでしょう。そうした試みは、啓蒙主義を推進したゴットシェートが学者であり、また劇作家であったことを思えば、母語による理性の使用という、この時代の文化的な革命と連動したものでした。学問と芸術の文化として演劇が発展し、ギリシア悲劇を再生させた点に、この時代のドイツ文化の特徴を見ることができます。

劇場と舞台芸術とは、劇場を可能にする社会的条件と切り離されて存在することはできず、都市とその行政的担い手、劇場運営者と劇作家（＋音楽家・演奏家たち）、そして観客の参加をもって成立する総合的な芸術運動です。

それは時代と場所、担い手たちを交代させながらも、古代ギリシア・

ローマ、そして時を超えてヨーロッパ・ドイツ語圏にて連綿と営まれてきたとみることができるのです。

第9章　ロマン主義

ワイマール古典主義の完成へと至る展開が、バロック期から啓蒙時代へかけての言語芸術に関わるひとつの道筋だとすれば、啓蒙時代に誕生してワイマール古典主義よりは遥かに広範囲の思潮となったのがロマン主義（Romantik＝ロマン派）と呼ばれる芸術運動です。これは主に文学（とりわけ小説）、絵画、音楽、建築の分野で展開され、一八世紀からおよそ一九世紀末にかけてヨーロッパ全体に流行しました。Romanという言葉自体は、中世の物語を意味するromance（英）、roman（仏）から派生したとされ、中世騎士道物語（一二世紀から一六世紀にかけてヨーロッパで流行。十字軍の時代を背景に騎士道の理想を描いた）の中の様々な要素を表す形容詞ロマンティックromantic（英）から作られました。ドイツ語圏では、クック船長の船に乗って太平洋を旅したゲオルク・フォルスター（一七五四—九四年）がアレクサンダー・フォン・フンボルト（一七六九—一八五九年）とともに旅したときの記録をとどめた『ライン下流域の景観』（一七九一—九四年）の中で「ロマン的なものすべてがこの地方には欠けている „Alles, was romantisch ist, mangelt dieser Gegend.“[*1]」と、この語を使用したのが、その意味を自覚した一番早い用例のひとつとされます。

＊1　George Forster: Ansichten vom Niederrhein, von Brabant, Flandern, Holland, England und Frankreich, Erster Theil, Berlin 1791, S.422.

この例のように、「ロマン的」は風景と自然とに大きく関わります。

父ヨーハン・ラインホルト・フォルスター（一七二九―九八年）は息子ゲオルクを助手として同行することを条件に博物学的調査を行う目的で、一七七二―七五年にかけてキャプテン・クックの第二回世界周航に同行しました。息子ゲオルクはその記録を『世界周航記 Reise um die Welt』として英語（一七七七年）とドイツ語（一七七八―八〇年）で出版し、一躍有名になりました。そもそも観測船が派遣されたのは、天文学者エドマンド・ハリ（一六五六―一七四二年）の要請に端を発し、ハリは金星の太陽面通過を異なった緯度において観測するならば、太陽・地球間の距離測定が正確に行われると主張していたのでした。また観測船は新領土獲得の野心から、南半球にあると信ぜられた大陸の発見の夢を現実化しようともしていました。[*2] そうした大陸をめぐる論争に決着をつけるために、大ブリテン王の命令を受けて航海は始まり、[*3] また船には、経度管理委員会によって雇われた天文学者が乗っていました。[*4]

そのような冒険の旅でしたが、ゲオルク・フォルスターは地球上におけるユートピアの発見を期待し、それをタヒチに投影していました。[*5] そうした理想が、自然の風景に投影されるとき、そこで芽生える感情がロマン的なものであったと理解されます。以下は、（食人をする）タンナ島の自然のフォルスターによる描写です。

＊2　クック（増田義郎訳）：太平洋探検（一），岩波文庫 2004 年，377 頁以下参照.

＊3　Vgl. Georg Forster: Reise um die Welt, Frankfurt am Main 1983, S.29.

＊4　Vgl. ebd., S.31.

＊5　Vgl. ebd., S.276.「われわれはそれまで，ひとつの国民がある文明の程度に達してさらにお互いの間である種の平等さを質素ではあるが維持する術を発見した，そういう場所を地球上の一角についに発見したのだという，淡い期待を抱いていた.」

自然の美しさが感情豊かな心の中にいかに独特の印象を与えるかということをかつて自ら経験したことのあるひと、ただ、その人だけが、心の一番奥深くが開かれた瞬間には、普段はたいして取るに足りない対象がすべて関心を惹くものとなり、名状しがたい感情で私たちを幸福にすることがあると想像ができる。新たに耕された耕地のなんということもない眺めがわれわれを魅了し、草地の柔らかな緑、様々な色合いの葉、木々のいいようのない密集、その大きさと形の多様性を眺めて、実に心から、また痛切に喜ぶことのできるというのが、まさにそうした瞬間である。自然の多様な美しさが、そのまったき豊かさをたたえて、私の前に広がっていた。さまざまな角度で木々に光があたるため、風景は壮麗に彩られていた。こなたでは太陽の黄金の輝きを受けて森の葉が輝いている一方、かなたでは大きな影が、まばゆさを感じた眼を癒してくれる。青色の輪をいくつも描きつつ、木々の間から立ち上る煙は、私に、故郷での生活の穏やかな喜びを思い起こさせた。(中略)

　私の上の空は晴れ、涼やかな海風が周りをそよぐなかに私は立っていた。そして、心穏やかに、心地よい構図のこうした融合が与えうるかぎりの幸福すべてを味わっていた。人知れず私は、私たちのここでの滞在が、島の人々の間に実現することのできた利点についてさまざまに思い巡らすのに没入した。そして、私たちがここで、人類の名誉のために、非常に有利な光の中で現れたのではないかという、その時点では無邪気な、しかし慰めに満ちた考えが、なんという喜びをわたしに与えずにはおかなかっただろうか！[*6]

彩り鮮やかな画に描いたような自然と、その自然と人間とが調和する喜びがここでは描かれています。フォルスターは、素朴な島の人々の生活にユートピアを発見したがっていたために、その舞台となる自然をまさしくユートピアのように描いて感動していると言えます。きっかけがあれば、見る人の理想を投影して感動できるような自然がここに描かれており、そうした自然と人間との関係が、ロマン主義の時代の感性のひとつの特徴であるとみて良いでしょう。そしてその自然は、バロック庭園で好まれたような、遠近法の中に整然と秩序づけられ、見る人が見られる構図の外側に対峙するような自然ではなく、見る人を見られる自然の中に没入させ、感情の高揚を誘うものです。自然風景への感情を伴う没入、あるいは耽溺というものをロマン的な感性とみなすこともできるでしょう。

こうした自然への没入のもうひとつの例を取り上げるならば、一世を風靡した大ベストセラーである、ゲーテの『若きウェルテルの悩み』をあげることができます。この書簡体の小説は一七七四年に発表され、すぐに各国語に翻訳されたほどの人気を博し、非常に多くの人々をこれまでに魅了してきていますが、この小説のひとつの大きなテーマは、人間の内と外にある自然というものです。その自然はまた、秩序の側にいるはずの人間

＊6　Ebd., S.797ff.

ウィリアム・ホッジス『タヒチ・オアイテペハ湾の眺め』（1776 年）

を、秩序もろともにのみ込んで惑溺させるようなものとして描かれます。

自然を感ずる特徴的な例：『若きウェルテルの悩み』作中一七七一年五月一〇日の風景

心地よい谷がわたしを包んでわき立ち、そして太陽が高く、私のいる森の鬱蒼と茂る闇の上に憩い、ただ幾筋かの光だけがこの内側の聖堂に差し込んで、せせらぐ小川のほとりで、丈高い草の間にわたしが横たわり、大地に近づいて、無数の多様な小さな草ぐさがわたしの関心をとらえて、茎の間の小さな世界のうごめき、無数の虫たちや羽虫の、茫洋たる姿を我が心に感じて、そして自らの姿に似せて我々を創造した全能なるものの現前、永遠の歓喜の中にたゆたいつつ我々を支え維持し、あらゆるものを愛する存在の息吹をわたしが感ずるようなとき、友よ、それからわたしが涙し、わたしを囲む世界と天国とがまるまるわたしの魂の中で、恋人の姿のように休らうような、そうしたとき、——そんなときわたしはしばしば想いがたぎり、考えるのだ。こうしたものを再現することができるだろうか、自分の中にこんなにも充ち満ちてあたたかく生きているものを紙に吹き込んで、まさしくそれが、自分の魂が無限なる神を映す鏡であるのと同じように、自分の魂を映し出す鏡となるようにするなんていうことが！　——友よ——しかしわたしはそのように思いを馳せた結果、滅ぶのだ。こうした現象の壮麗さが持つ力によって圧倒されるのだ。*7

バロックの庭園に幾何学的に取り込まれた自然とは対極にあるものが、フォルスターとゲーテの風景描写から浮かび上がってきます。秩序づけられた自然の所有ではなく、多様さと無限と合一する幸福とその感情の表現がここには描かれており、そうした感情の充溢こそがロマン的であったと考えられます。

カスパー・ダーフィト・フリードリヒ

自然風景と風景に魅入る人間とをテーマとする絵を描いた、ドイツ・ロマン主義を代表する画家がカスパー・ダーフィト・フリードリヒです。フリードリヒは一七七四年、バルト海を臨むかつての自由都市グライフスヴァルトに獣脂石鹸製造職人アドルフ・ゴットリープを父に、ゾフィー・ドロテーアを母に、十人兄弟の第六子として生まれました。グライフスヴァルトは当時、三十年戦争を機にドイツへ侵入したスウェーデンの支配下にありました。八七年、フリードリヒは水の事故に遭った際、一歳下の弟を亡くすという決定的な経験をします。その後、グライフスヴァルト大学の描画担当の教師であったヨーハン・ゴットフリート・クヴィストルプ（一七五五—一八三五年）に個人的に授業を受け、その推薦で一七九四年

*7　Vgl. Johann Wolfgang von Goethe: Die Leiden des jungen Werther. In: Goehtes Werke Bd. VI, München 1996, S.9.

『海辺の修道僧 Der Mönch am Meer』（1810 年）

からコペンハーゲンにあるデンマーク王立芸術学校でフリードリヒは描画および版画を学び、九八年からはドレスデンの官立芸術学校に移りました。ただ、そこでの授業にはほとんど参加せず、徒歩旅行をたびたび敢行しては自然風景画に取り組みました。またヤーコプ・クレセンツ・ザイデルマン（一七五〇――一八二九年）から学んだセピア画――烏賊の墨袋から得られる顔料を用いた淡彩画の技法で、七〇年頃からとりわけヨーロッパで人気を博した――でも傑出した画家となりました。フリードリヒは、憧憬、陶酔、神秘性、不気味なるもの、崇高、孤独、廃墟趣味、破綻といった、ロマン主義期に特徴的な様々なテーマを絵画によって表現しました。

フリードリヒの画家としての名声を決定的にしたのが、一八一〇年、ベルリンの芸術院展覧会に出展した二つの作品、『海辺の修道僧 Der Mönch am Meer』と『樫の森の修道院 Abtei im Eichwald』です。方や、不安と孤独と荒涼観、方や、不気味さと静寂と神秘を湛えて、いずれも、漠たる自然とそれを舞台とした人間の宗教的な問いとがそこに描かれています。二つの画についての評価は当時一致しませんでした。一五歳の王子が是非にというのでプロイセン国王フリードリヒ・ヴィルヘルム三世が二つの作品とともに買い入れたのに対して、ロマン主義を代表する文学者であったクレメンス・ブレンターノ（一七七八――一八四二年）とアヒム・フォン・アルニム（一七八一――一八三一年）は「意気やよし、されど仕上がりは不充分」と否定的に受け止めました。しかしブレンターノとアルニムの評価を

『樫の森の修道院 Abtei im Eichwald』（1810年）

覆して、フリードリヒの画を絶賛したのが、フランクフルト・アン・デア・オーダー生まれの退役軍人であった文学者ハインリヒ・フォン・クライスト（一七七七―一八一一年）でした。翌年意のままにならぬ人生に決着を付けるために、不治の病の人妻と心中したクライストは、次のように『海辺の修道僧』について記しました。

かくして私自身が（画の中の）カプチン僧となり、画は砂丘となる。しかし焦がれてどこに目を向けたとしても、かのもの、海は、まったくない。この世の中でこれほどまでに寂しく不安な場所はありえない。ここは、広大な死の国の中にある唯一の生の灯火、荒涼たる一円の荒涼たる中心。この画は、二つあるいは三つの謎めいた事物とともに、あたかもヤングの夜想[*8]を抱くかのごとく、黙示録のようにそこにある。単調さと果てしなさの中で画は、空間以外のなにものをも前景にはもたない。それゆえこの画を眺めるとき、人はあたかも両のまぶたを切り取られたかのようになる。――『フリードリヒの海の風景を前にして感じたこと』（一八一〇年）[*9]

荒涼たる自然風景を前にする人間の宗教的体験というものをクライストはこの画の中に見て取ったのでした。同じことが、『樫の森の修道院』についても言えるでしょう。後者は薄明の中のゴシックの修道院の廃墟とそ

＊8　エドワード・ヤング（1681-1765）はイギリスの詩人．愛する家族の死に触発されて書いた思想詩『不平，ないしは生，死，永世に関する夜想』（1742-45）は，「存在の連鎖」としての宇宙論を展開して，ヨーロッパの教養層に愛され，ドイツ語にもたびたび翻訳された．

＊9　Heinrich von Kleist: Empfindungen vor Friedrichs Seelandschaft. In: Heinrich von Kleist Sämtliche Werke und Briefe in vier Bänden, Bd.3 Erzählungen, Anekdoten, Gedichte, Schriften, Frankfurt am Main 1990, Bd.3, S.543.

ここに集う人々を描いています。ゴシック様式は中世ヨーロッパの建築文化でした。そしてフリードリヒはその画の中にたびたびゴシック聖堂を描いて、ロマン主義の時代に登場したゴシック様式への復古的な愛着、すなわちゴシック・リヴァイヴァル[*10]という流行の担い手でもありました。このゴシック・リヴァイヴァルは、フリードリヒの場合にも非常に特徴的ですけれども、愛国的ないしは郷土愛的な感情というものと結びついて登場してきました。どうしてゴシックだったのでしょうか？

ゴシック・リヴァイヴァルと新古典主義

ゴシックの古い文化の復活ということに関しては、ある考古学的発見がきっかけとなっています。一七〇九年、イタリアのエルコラーノでひとりの農夫が井戸の掘削中に古代の遺物らしき建造物を掘り当てて以来、その発掘作業が始まり[*11]、一七三八年、古代ローマ時代の都市「ヘルクラネウム」の劇場を指す碑文が見つかって、ついにヴェズヴィオの噴火によって西暦七九年に失われた都市が再発見されました。さらにポンペイでの発掘作業が一七四八年から始まりました。盗掘されたことのない、また戦争で破壊されず、時の経過で朽ちることのなかった都市がオリジナルのまま露わになったのです。再発見された都市は知識人を魅了し、人々は失われた文明の姿を求めてイタリアへ、そしてさらにはアテネやオリエントにまで旅をするようになりました。古代都市の発見は考古学という学問の急速な

＊10　ケネス・クラーク（近藤存志訳）：ゴシック・リヴァイヴァル，白水社 2005 年参照.

＊11　この頃ヘルクラネウムで発見されたいくつかの女性の彫像は，ウィーンを経てフリードリヒ・アウグスト二世の時代にドレスデンへ運ばれて，そのコレクションに加えられた．これらの彫像の研究と合わせて，その特徴を「高貴なる単純さと静かなる偉大（edle Einfalt und stille Größe）」とヨーハン・ヨアヒム・ヴィンケルマン（1717-1768）は『絵画と彫刻芸術におけるギリシア作品の模倣についての考察 Gedanken über die Nachahmung der Griechischen Werke in der Malerey und Bildhauerkunst』（1755 年）の中で表現した.

発展を促し、また建築物の現実の姿が、新古典主義という形で、ギリシア・ローマ建築の新たなる摸倣を生み出すことになりました。私たちは今日、古代世界の建築物の姿をすぐに思い浮かべることができますが、そのようになったのは、この古代都市の再発見以降になされた発掘と研究の結果なのです。ルネサンスの時代に人々は古代世界を文芸を通してのみ知ることが普通でしたが、一八世紀における古代の廃墟の発掘によって、古代世界は私たちが今日想像できるような現実として蘇り、人々の関心を惹きつけるようになったのです。[*12]

こうして蘇った古代世界は学問的にも芸術的にも研究対象となると同時に、失われた偉大な文明の証となる廃墟というものが、人々の美的センスの対象となりました。廃墟は風景画の中に描かれるようになり、また庭園の中に取り込まれるようになりましたが、それは失われた偉大な文明を理解する知性が、画や庭園を制作する者の側に存在するのをひとつには意味します。そして失われたものへのノスタルジーを美的に快くかき立てつつ、偉大もまた亡びるのだという哀惜の念をも同時に想起させました。こうした複雑で美的な感情をかもし出すのが廃墟であり、廃墟をさらに肖像画の中に取り入れるという新しい趣味が芽生えました。[*13]

廃墟は、廃墟趣味としてグランド・ツアーでイタリアを訪れる人々の肖像画の背景に描かれる対象となりました。それによって描かれる人は、古代の建築物を理解する知性であり、また古代文明がもった偉大さを我が身

＊12　Vgl. Daniela Tarabra: Il Settecento, Milano 2006, S.75ff.

＊13　Vgl. ebd., S.69ff.

ヤーコブ・フィリップ・ハッケルト『ポンペイの墓場通りのヘルクラネウム門』(1794年)

にまとう人間であると、画を見るものに訴えることができる、という訳です。こうした肖像画の代表作が、ヘッセン出身の画家ヨーハン・ティッシュバイン（一七五一―一八二九年）による『ローマ田園《カンパーニャ》のゲーテ』（一七八七年）です。エルネスト系ヴェッティン家の支援を受けてローマに留学していたティッシュバインは、その支援の仲立ちをしたゲーテと一時期、ローマのコルソ通りにあるアパートで他の画家仲間たちと生活を共にしていました。ゲーテは当時、あらゆる公務をなげうってイタリアへと遁走し、おしのびで自由な生活を享受していたのです。

フランクフルト・アム・マインにあるシュテーデル博物館に今日残る画はローマ郊外を訪れたときのゲーテを描いています。ゲーテはエジプト文明の名残である、壊れたオベリスクの上に座り、右手にはギリシア風レリーフの石像があり、これはゲーテが当時手がけていた戯曲『タウリス島のイフィゲーニエ』（一七八七年）の一場面を示しています。そして遥か遠景には一世紀のローマ時代の人チェチーラ・メテッラの円形墳墓が描かれており、これでエジプト、ギリシア、ローマという三つの文明の廃墟がゲーテの肖像画には取り込まれており、ゲーテはそれらについて大いなる関心を寄せている、という構図です。

そして廃墟趣味の対象である古典古代が、中世のゴシックへと変化し、中世趣味となるのが、ドイツ・ロマン主義のひとつの特徴です。ロマン主義期における中世は、かつて中世文化の代表であったゴシック芸術への愛

ティッシュバイン『ローマ田園のゲーテ』（1787年）

好として現れ、それがゴシック・リヴァイヴァルと呼ばれる現象となります。そしてその中世趣味としてのゴシック・リヴァイヴァルの旗振り役であったのが、若き日のゲーテでした。

ゲーテは一七七〇年からシュトラースブルク大学で法学の学位の取得を目指して勉強をしていました。この地にある大聖堂は、先代の聖堂に代えて一二世紀末から東側をロマネスク様式で建造し始めて、途中でゴシック様式が採用されて一四三九年までに着工を終え、ファサードの南側の塔を未完のままにして今日の姿となりました。この豪壮華麗なゴシック建築物にゲーテは魅了され、ドイツが誇ることのできる文化として、ゴシック礼賛の文章を書いたのです。

つまらない、と言ってイタリア人は素通りし、子供っぽい、とフランス人は後からごにょごにょ言い、そして勝ち誇ったように、ギリシア風の彼らの建物へと急ぎ行く。君たちは、軽蔑するだけの何をなし遂げたというのだろうか？（中略）

ゴシック的という見出しに私は、辞書の内容と同じく、定まらぬものの、無秩序、不自然、ごた混ぜ、継ぎ接ぎ、過剰という、かつて頭に浮かぶ限り同義語的誤解を積み上げていた。（中略）

大聖堂の前に立ってこれを眺めた時、予期せぬ何という感情に私は襲われたことだろうか。完全かつ偉大なる印象によって私の心は充たされ

シュトラースブルク大聖堂

たが、しかし、この印象は、千の調和する部位から成り立つがゆえに、味わい享受することはできても、決して認識し説明することができないのだった。[*14]――ゲーテ『ドイツの建築芸術について』（一七七二年）より

ゲーテがここで抱いた「認識し説明することができない」印象とは、一八世紀に発見された「崇高」の感情であると言い換えることができるでしょう。「崇高」とは後のカントの『判断力批判』（一七九〇年）によれば、他との比較を絶して大きな対象を見て、それが何であるのか認識は行わない一方で、そこに感覚を越えたもの、つまりは神々しいものを投影して見てしまう人間の心地よい感情と説明されます。「ただ大きいものを、我々は崇高であると名付ける。[*15]」とカントは定義していますので、一四二メートルもの高さがある大聖堂を至近距離から見上げたときのゲーテの感動は、崇高なものであったでしょう。ゴシック・リヴァイヴァルによって表現されたのは、時間的、空間的に巨大なもの、ある把握しがたいものに対する愛好でもあり、それは「崇高（Das Erhabene）」の感情と呼ばれる、ロマン主義の時代に特徴的な感情と関わっています。

ところでゴシックが、アルプスより北の野蛮な趣味として、かつてヴァザーリによって蔑まれたのは既に見たとおりです。これをイタリアの人間のみならず、フランスの人間も含めて批判する側に立たせておいて、ドイ

＊14　Johann Wolfgang von Goethe: Von deutscher Baukunst. In: Goethes Werke Bd. XII, München 1981, S.8ff.

＊15　Ebd., S.169.

ツ特有の素晴らしいものである、とゲーテは擁護しているのです。しかしながら、ゴシックの建築方法は一二世紀にフランスのサン・ドニで始まったフランス発祥のものでしたから、ゲーテのゴシック礼賛には、ゴシックをドイツ文化とみたいという、ゲーテの欲求も摺り合わされています。というのも、中世以来交易と印刷業とで栄えたプロテスタントの帝国都市シュトラースブルクは、一六八一年以来ルイ十四世によって占領されてフランス支配の街ストラスブールとなっていました。ゲーテはフランス領の中で、ドイツ語を母語とする人々の運営する大学（一六二一年設立）で学び、ドイツ特有の文化を大聖堂に「発見」したのです。本当はフランス発祥の建築文化をドイツ特有のものとみる欲求には、領土を巡る権力の争いが背景にあり、それを敏感に知覚したゲーテの若い感性は、異国に対抗するドイツ的なものをゴシックに見た、ということになります。ゲーテのゴシック・リヴァイヴァルには祖国愛的な感情が含まれており、文化的なアイデンティティの模索が、中世のゴシック建築物を対象としてなされたと考えることができます。

ゴシック礼賛は、廃墟趣味と結びついて、先のフリードリヒの『樫の森の修道院』の中に登場したのですが、その背景にも祖国愛ないしは郷土愛的な感情が強く潜んでいます。一八〇六年一〇月一四日、イェーナ・アウエルシュタットの戦いでプロイセンはナポレオンのフランス軍に敗れ、同二四日、ベルリンはフランス軍によって占領されました。占領は一八〇八

崇高な自然風景の例．フリードリヒ『雲海の上の旅人 Der Wanderer über dem Nebelmeer』（1818年頃）

年一二月一日まで続いたので、フリードリヒの画は占領が終わり、プロイセンが一八一三年一〇月一六―一九日のライプツィヒの戦い（諸国民戦争Völkerschlacht とも言う）で再びフランスと戦うまでの間に、ベルリンに登場したことになります。フリードリヒの二つの画は、フランス革命後の時代の社会的な不安を背景にかかえていました。

歴史的事件――フランス革命

ここでフランス革命についての基本的な知識を押さえておくと、革命前の旧体制における主権者は王であり、身分によって人間は制度的に主に三種類、すなわち聖職者、貴族、平民（第三身分）に区分されていました。前二者は免税特権をはじめとする各種の特権を与えられていましたが、聖職者の上層部はほとんど貴族の出身であったために、実際には貴族と平民との差別が最も重要でした。一方、主に貴族である領主によって領地経営がなされ、農民を始めとする領民は、年貢などの諸租税を納めるほかに、領地裁判権に服する義務を負っていました。初期の革命は主に、第三身分の富裕者層と啓蒙された貴族とによって主導され、フランスを立憲君主国（君主の権力を憲法によって制限する政治体制）に変貌させせました。

一七八九年　フランス革命→立憲王政へ
一七九二年四月　オーストリアに宣戦を布告。

八月　王政の廃止。
九月　共和制の樹立。反革命容疑者の大量虐殺（約一三〇〇人）。
一〇月　革命政府（憲法によらない非常の独裁体制）の樹立（＝恐怖政治の始まり）。
一七九三年一月　ルイ十六世の処刑。
一八〇四年　ナポレオン皇帝となる。
一八〇五年　アウステルリッツの会戦にて、オーストリア（皇帝フランツ一世＝神聖ローマ皇帝フランツ二世）とロシア（皇帝アレクサンドル一世）の連合軍を、ナポレオン皇帝のフランス軍が破る（三帝会戦）。
一八〇六年七月　西南ドイツの一六カ国（バイエルン、バーデン、ヴュルテンベルク、ナッサウなど）がナポレオンの庇護のもとに「ライン同盟」（ナポレオンの庇護の見返りに、ナポレオンに軍隊を提供する）を結成し、八月六日、神聖ローマ帝国からの脱退を宣言。神聖ローマ帝国の終焉。*16
一八一二―一四年　第六次対仏大同盟（イギリス・プロイセン・ロシア・オーストリア・スウェーデン・ライン同盟）が成立し、一八一三年一〇月一六―一九日のライプ

*16　1806年8月8日のゲーテの日記より，「6時出発．途中，政治を話題にする．ナポレオンの新たな称号を考える．主観的な王子というのは面白い．さらにナポレオンの行為と振る舞いの中に，フィヒテの知識学をあらためて発見する．」Goethes Leben von Tag zu Tag, Bd.4. 1799-1806, Zürich und München 1986, S.719.

ツィヒの戦い（諸国民戦争）でフランスとナポレオンは敗れる。

一八一四年九月一八日―一八一五年六月九日　ウィーン会議（ヨーロッパの政治的再編のためにウィーンで開かれた会議）→三九カ国で「ドイツ連邦 Deutscher Bund」の結成。

一八四八年二月　フランス二月革命→第二共和政へ

ドイツ語圏の人々の反応

フランスにおけるこの政治的な事態の推移を、ドイツの知識人たちは初めのうちは魅了されつつ見守りました。

固唾をのんで哲学者の眼差しは、世人同様政治の舞台に釘付けになっています。そこでは今思うに、人類の大いなる運命が討議されているのです。皆に関わるこの議論を共有しないというのは、社会の幸福に対しての非難さるべき無関心を露呈するものではないでしょうか？この大いなる権利闘争は、その内容と結果とのために、人間を名乗る全ての人に非常に密接に関わるのですから、討議のされ方をめぐってこの闘争は、それだけ強い関心を思考する全ての人に抱かせずにはおかないのです。かつてはただ強者の盲目的な権利によってのみ答えの出された問題が、見るところ、今や純粋理性の法廷で係争の的とされています。およそ全体の中心に身を置いて自らの個を類にまで高めることができる人は誰でも、人間として世界市民として同時に当事者であり、また多かれ少なかれ結果に関係があると見る限り、自らをこの理性の裁判の陪審員としてみなしてもよいのです。この大いなる権利闘争で決定をみるのは単に彼個人の事柄ではないばかりか、それはまた法に従ってこそ宣告されるべきものなのであり、そしてその法は、理性的な精神そのものとしてこの彼が命ずることができ、またその権利を有するものなのです。[*17]——フリードリヒ・シラー『人間の美的教育に関する一連の書簡』（第二書簡）（一七九五年）

ドイツの知識人のこの期待は裏切られます。その理由としては、ナポレオン戦争がヨーロッパ征服戦争の様相を呈したからです。戦争は当初は革命によって成立した政治体制を、イギリスとオーストリアを中心とする対仏同盟の対外勢力から守るための防衛戦争でしたが、徐々に、フランス革命の理念（領主貴族層の封建的支配の否定）を輸出していくための征服戦争の外観を呈するようになりました。この一連の戦争において主役として登場してくるのがナポレオン・ボナパルト（一七六九—一八二一年）です。

＊17　Friedrich Schiller: Über die ästhetische Erziehung des Menschen in einer Reihe von Briefen. In:Friedrich Schiller Werke und Briefe in zwölf Bänden. Bd.8 Theoretische Schriften, Frankfurt am Main 1992, S.559f.

ユダヤ人の解放──ベルリンにおける一八一二年の布告

フランス革命が画期的であったところは、封建的身分制を廃止したこと以外にもうひとつ、宗教によって市民を区別しなかった点にあります。ユダヤ人もまたフランス国民となったのでした。フランス革命はユダヤ人を解放し、市民権を与えたのでしたが、そのフランスとの一八〇六年の戦いにおいてに敗れたプロイセンでは、一八一二年、国王フリードリヒ・ヴィルヘルム三世（一七七〇―一八四〇年）がユダヤ人を解放する布告を発しました[*18]。

布告によるとユダヤ人は、ドイツ文字あるいはラテン文字で姓を住民登録すれば、プロイセン王国の市民となることができ、キリスト教徒の市民と同じ扱いを受けられるようになりました。大学を含み教師になる道が開かれ、土地の購入と商取引を含む職業選択の自由と域内住民同士での結婚の自由が許されるようになりました。士官、司法、公務員となることは一八六九年になるまで許可されませんでしたが、それでもユダヤ人はこの布告によって、王によって特別の保護を必要とする異質な存在ではなくなったのです。と同時に、ユダヤ人もまたキリスト教徒の市民と同じく軍務に服するよう定められたのでした。そして一八一三年の諸国民戦争で、十万人以上の死傷者を出しながらもプロイセン側は勝利し、フランスに帰属していたラインラントおよびケルンは、プロイセンの所領となりました。

シンケル『河岸の中世都市 Mittelalterliche Stadt am Fluss』（1815年）

この頃の一八一五年、最初画家として出発したカール・フリードリッヒ・シンケル（一七八一―一八四一年）は、ゴシック建築物を主題とした架空の風景画を二点描いています。

シンケルはブランデンブルク選帝侯支配の街ノイルッピーンに、教区監督官ヨーハン・クーノーを父として、ドロテーアを母として生まれ、ノイルッピーンとベルリンの高校で学んだ後、ベルリンの建築学校に進みました。イタリア留学からベルリンに戻って最初は画家として、一八一〇年からはプロイセン王国お抱えの建築家として、また舞台装飾家としても活動しました。シンケルはこれら二つの画を描く一八一四年に、フリードリヒ・ヴィルヘルム三世（一七七〇―一八四〇年）から、諸国民戦争による解放と勝利とを記念する建築物を設計するよう命令を受け、実際には実現しませんでしたけれども、図のようなゴシック聖堂を構想しました（一八一四―一五年）[*19]。これとの関連で、一八一五年の二つの画を眺めるならば、ゴシック教会を中心として描かれた架空の都市の風景は、都市として理想の風景であり、そこでは、キリスト教とともに故郷への愛着、ないしは愛国的な感情が主題とされていると読むことができます。ゴシックが持つ宗教的畏怖の念は、共同体への帰依と融合し、この感情の高揚が、強国として勃興しゆくプロイセン王国への忠誠心として読みかえられていくと、シンケルの一連の画を通して浮かび上ってきます。

この頃、ドイツ語圏ではとりわけ大学生を中心として、中世の身なりを

シンケル『海に面した岩壁の上のゴシック教会 Gotische Kirche auf einem Felsen am Meer』（1815年）

することが流行りました。ゴシック・リヴァイヴァルは、ファッションも含めた中世に対する復古趣味であり、それは、フランスという異国による政治的、思想的な脅威に対抗して、文化的に固有でオリジナルであるという幻想を中世に投影したものでした。そしてそれがフリードリヒやシンケルの画で、不安や憧れを美しく包み込みつつ表現されたと見ることができるでしょう。そしてそのように表現されるものが共有されるのを、つまりは共同の幻想が生じるよう期待されたのが、ロマン主義の時代のゴシック・リヴァイヴァルであったと考えられます。

幻想の共有――ケルンの大聖堂

ナポレオンによるヨーロッパ征服戦争に対する反応として、ドイツ語圏においても国民意識が徐々に形成され始めます。同じ国民という意識は、同じ記憶の所有によって喚起され、中世という時代の理想化ないしは美化が、ロマン主義期における文化のひとつの特徴となります。

プロイセンは、フランスに帰属していたラインラントおよびケルンを所領とした後、ゴシック式のケルンの大聖堂の完成に着手します。大聖堂の建設は一二四八年に始まり、その後断続的に進められましたが一五二八年に中断されたままでした。その完成の指令を発したのは一八四二年、プロイセン王フリードリヒ・ヴィルヘルム四世（一七九五―一八六一年）であり、最終的な完成は一八八〇年一〇月一五日、つまりは一八〇六年一〇月

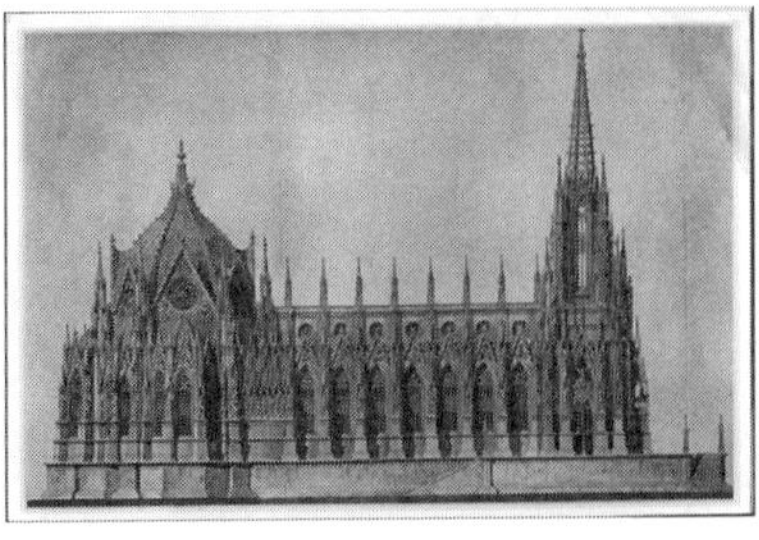

シンケルが構想した大聖堂

フリードリヒ『海の日の出 Mondaufgang am Meer』（1822年頃）

一四日イェーナ・アウエルシュタットの戦いでプロイセンがフランス軍に敗れてから、ちょうど七四年と一日後でした。フランスに対する勝利をゴシック大聖堂の完成でいわば祝った形であり、ゴシック・リヴァイヴァルと国家主義との融合がケルンの大聖堂ということになります。中世を題材として、ロマン主義は、キリスト教と民族主義とが融合するための情緒を形成するのに貢献し、この情緒が国家主義へとさらに結びつくのを期待されたと考えることができます。

中世の文化を美化するロマン主義は、絵画や建築の他にも音楽を通して、諍いがたい魔力を発揮します。ハンス・ザックスを主人公に職匠歌人の世界を描いたリヒャルト・ヴァーグナー（ワーグナー、一八一三—八三年）の『ニュルンベルクのマイスター・ジンガー Die Meistersinger von Nürnberg』（一八六八年初演）は、中世の都市文化と職人気質とを美しい旋律と共に歌い上げますが、その背景には、ユダヤ人蔑視とイタリア・フランスのロマン語族の文化の拒否とがはっきりと顔をのぞかせています。これに対して、キリスト教にもとづく道徳を否定し同時代のヨーロッパ文化そのものを批判した、バーゼル大学の古典文献学者・哲学者フリードリヒ・ニーチェ（一八四四—一九〇〇年）ですら、ロマン主義の持つ美的な魔力に抗することは簡単ではありませんでした。

わたしは、もう一度あらためて——リヒャルト・ヴァーグナーの『マ

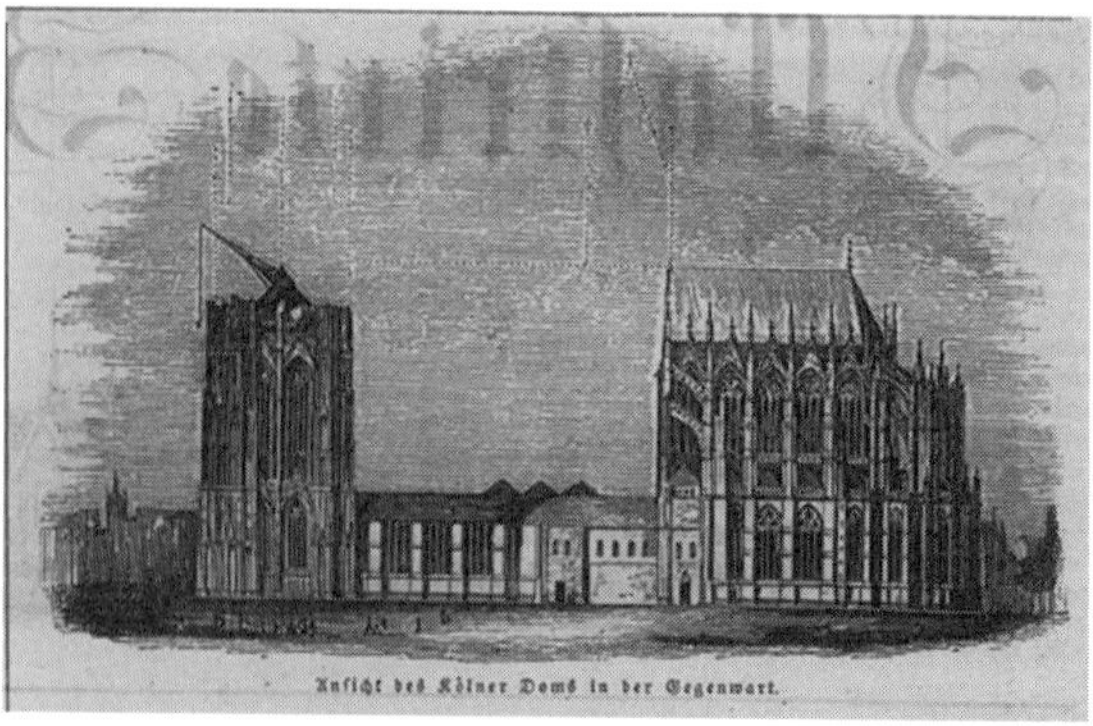

建設中のケルン大聖堂(Illustrierte Zeitung Bd.1, 1843)

イスター・ジンガー』序曲を聴いた。これは、華麗で、飾りすぎで、重たくて遅い芸術で、これを理解するためには過去二百年の音楽がなお存命とされるのを、自慢としている。こうした自慢は思い違いなどではないというのが、ドイツ人たちにとって名誉となっているのだ[*20]！

――『善悪の彼岸』「第八章：民族と祖国」一八八六年より。

ベルリンと新古典主義の建築

一八一七年、ジャンダルメン市場のドイツ民族劇場は火災により完全に焼失しました。翌年フリードリヒ・ヴィルヘルム三世は、シンケルによる新劇場案を承認し、新しい劇場は一八二一年に新古典主義様式で完成をみました。次頁の図のように、劇場はあたかも神殿のようになったのですが、新古典主義様式は、ヘルクラネウムとポンペイの再発見によって始まったギリシア・ローマ建築の研究により復活した古典主義様式の建築で、ロマン主義の時代の流行でもありました。ルネサンス建築が文献による古典主義様式の復活であったとすれば、新古典主義は実見による復活とみることができます。この古典主義様式をシンケルは、その前年にすでに新衛兵所（Neue Wache）の様式として採用し、また今日の博物館島のルストガルテンに博物館を、一八二三年にやはり新古典主義にて構想しました（一八三〇年完成）。いずれの建築物も神殿のような佇まいをしており、今日に至るまでベルリン中心部の表情を決定づけています。シンケルはい

＊18［p.184］ Vgl. Edikt, betreffend die bürgerlichen Verhältnisse der Juden in dem Preußischen Staate. Vom 11ten März 1812. In: Gesetz=Sammlung für die Königlich=Preußische Staaten. 1812. Enthält die Königlichen Verordnungen vom 13ten Januar 1812. bis zum 19ten December 1812. mit Inbegriff von 6 Verordnungen aus dem Jahre 1811. No. 1. bis incl. 26. Berlin.

＊19［p.184］ Vgl. Jörg Trempler: Karl Friedrich Schinkel. Baumeister Preußens. Eine Biographie. München 2012, S.106f.

＊20 Friedrich Nietzsche: Jenseits von Gut und Böse. In: Friedrich Nietzsche Sämtliche Werke. Kritische Studienausgabe in 15 Bänden. Bd.5, München 1999, S.179.

わば、ベルリンという都市のカンバスに、新古典主義の画を描いたとも言えるでしょう。再発見された古代は、かくして、プロイセンにアテネのような都市の貌を与えることになりましたが、その表情は、プロイセンという国家が持つべき威厳をたたえていると見ることができます。

まとめ

ここで取り扱ったロマン主義の文化は、人間ひとりひとりが主役となるという点にその特徴があります。自然、廃墟、ゴシック建築と、いずれをとっても見る側の心の状態、あるいは感情が重視されています。啓蒙主義とそのひとつの帰結であるワイマール古典主義とが理性と人間の思考というものを尊重したとすれば、ロマン主義の文化で問題とされるのは人間の感情（情緒）です。そしてその感情への耽溺がフリードリヒの画を通しては最もよく表現されていました。崇高なるもの、その裏側にある不気味なるもの、はゴシック建築を見上げる時の個人の感情ですが、それを美的に捉え直し、また、政治運動と結びつけていく点が、ロマン主義の特徴として浮かび上がります。そこではゴシック教会を生み出したキリスト教とカトリックの文化とが、中世を愛好するロマン主義の文化として美化されました。この美化の感情は、ポンペイの再発見を通して培われた古代文化への郷愁が姿を変えたものと考えられます。古代文明への憧れは、啓蒙主義との連携の中ではギリシア悲劇の再生へとつながりましたが、この憧れの

ジャンダルメン市場の劇場とシラー像

対象が、ドイツ語を話す人々の共通の過去の文化、つまりは中世のドイツへと置き換えられるとき、そこにロマン主義の美的な陶酔が生まれたとみることができます。そして共通の過去の文化を持つ、という虚構《フィクション》が、あらたにゴシック建築物に投影され、それがプロイセンの国家の一員であるという別の虚構へとつなぎあわされました。この国家という虚構は、いずれドイツ語圏の諸領域をまとめて、プロイセンを中心とするドイツ帝国の成立（一八七一年）へと展開してゆきます。立憲王政の成立へと向かって社会が進んでいく時代に、ロマン主義は、郷土愛と民族主義的傾向（national）を持ち、ナショナリズムと強く連携したと見ることができます。

新古典主義様式の博物館
（=Das Alte Museum）

第10章　おわりに

シラーの場合に特徴的であったように、ワイマール古典主義は自由という人間の理想へと向けて、現実を更新していく作業であり、悲劇によって示されるその道は険しいものです。対して、ロマン主義の文化的な運動は、ワイマール古典主義も本質的には共有している美的なもの、崇高なものへの耽溺を基本としています。美と崇高とは、連携して人を高めるべきだとシラーは考えましたが、ロマン主義は美と崇高を集団として共有し、共有を可能とする集団そのものに価値を見出したと言えるでしょう。その意味では、ロマン主義は、未来へと展開していく文化のひとつの段階、とりわけ中世の文化を美しいものとして、そこへと遡ろうとするものです。そのとき文化そのものは、未来へと向けて完成していく人間のための手段であることから、文化そのものが貴重として尊重される目的へと変質してしまったことになります。啓蒙主義とそのひとつの結果であるワイマール古典主義とは、自らの文化そのものを、ギリシア・ローマという再発見した文化の理想によって書き換えていこうとした試みでしたが、ロマン主義の文化は、みずからの過去という虚構に陶酔しつつ魅入ったかのような観があります。ワイマール古典主義は、広範囲の運動となることなく、むしろロマン主義の運動と手を携えたプロイセンに、文化的にも政治的にも歴史の中では飲み込まれていきました。そしてロマン主義の次の時代に訪れたドイツ文化の野蛮についてはもはや明らかなこととして、この本では振り返ることは行いません。ただし、それを単に歴史の必然的な展開だとするのであれば、もはや過去の文化を振り返る意義はないことになります。そうではない、と考えるからこそ、ひとつの文化の歴史的な展開を振り返る必要があります。シラーの『歓喜に寄せる』は、歴史が辿らなかったもうひとつの道筋を、未来へと向けて私たちに指し示していると考えられます。

シラー『歓喜に寄せる』（一七八五年）

歓喜、それは神々が放つ美しい火花、
楽園から生まれ出る娘。
われらは炎のように陶酔し、
天上的なる歓喜よ、お前の神殿にのぼる。
歓喜の魔法は、
時流が厳しく分け隔てたものを再び結び合わせる。
あらゆる人間はみな兄弟となる、
お前のやさしい翼が憩うところで。*1

*1　Friedrich Schiller: An die Freude. In: Friedrich Schiller Werke und Briefe in Zwölf Bänden. Bd.1, S.248.

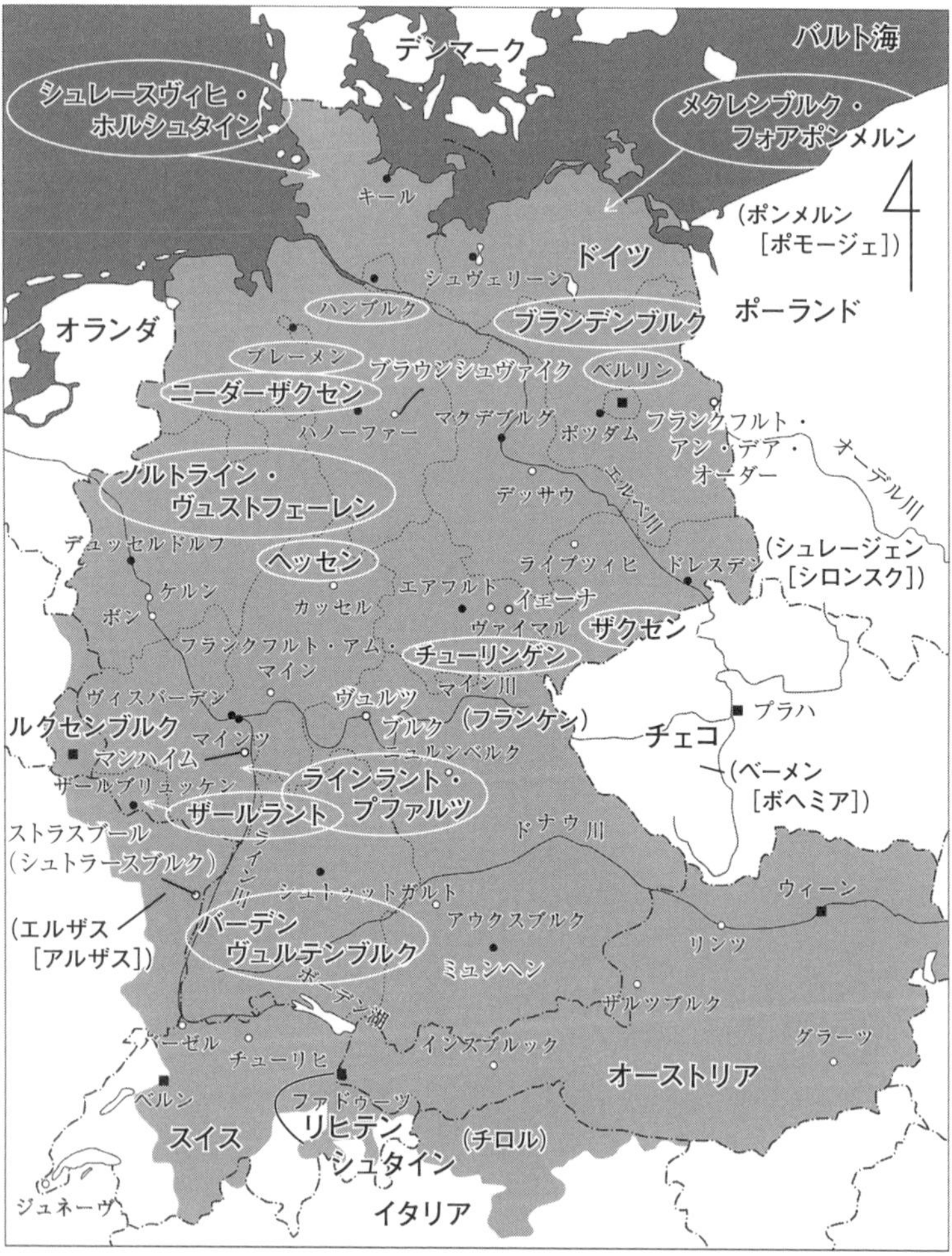

現代のドイツと周辺地域

※網かけは現代のドイツ語圏，■：各国首都，●：ドイツの連邦州州都，○：主要都市

ヨーハン・フリードリヒ（ザクセン選帝侯） Johann Friedrich I.; 1503-1554 39, 42

●ら行

ライプツィヒ Leipzig 38, 106, 116
ライプツィヒの大市 Leipziger Messe 116
ライプニッツ Gottfried Wilhelm Leibniz; 1646-1716 27, 119, 126, 148
『ラス・メニーナス』→『女官たち』

『理性学の実践』 Ausübung der Vernunfft-Lehre 112
『理性学の手引き』 Einleitung zu der Vernunfft-Lehre 110
リッター・アカデミー（騎士学校） Ritterakademie 108, 110
リーメンシュナイダー Tilman Riemenschneider; 1460-1531 86
リュトケンス Peter Lütkens; 1636-1717 144
リューベック Lübeck 16

ルイ十四世 Louis XIV.; 1638-1715 71, 93, 102, 178
ルター Martin Luther; 1483-1546 34-37, 47
ルートヴィッヒ敬虔王 Ludwig der Fromme; 778-840 9
ルネサンス Renaissance（フランス語） 23
ル・ノートル André Le Nôtre; 1613-1700 102

レーヴェン Johann Friedrich Löwen; 1727-1771 145
レーオポルト一世 Leopold I.; 1640-1705 68, 71, 75, 103
レッシング Gotthold Ephraim Lessing; 1729-1781 123-125, 128-129, 131, 132, 145-149

ロータル・フランツ・フォン・シェーンボルン Lothar Franz von Schönborn; 1655-1729 88
『ローマ田園のゲーテ』 Goethe in der römischen Campagna 175
ロマネスク Romanesque 7
ロマン主義 Romantik 165, 186, 188-189, 190
ローラント像 Rolandssäule 21, 142

●わ行

ワイマール Weimar 39, 139, 157
ワイマール古典主義 Weimarer Klassik 159, 163, 188, 190
『若い学者』 Der junge Gelehrte 125-128
『若きウェルテルの悩み』 Die Leiden des jungen Werthers 137, 139, 168-170

ボアン　Gaspard Bauhin; 1560-1624　103
ホイヒャー　Johann Heinrich von Heucher; 1677-1747　98
ポッツォ Andorea Pozzo; 1642-1709　66-68
ボッロミーニ　Francesco Borromini; 1599-1667　68
ボードマー　Johann Jakob Bodmer; 1698-1783　119

●ま行

マイアー　Johann Prokop Mayer; 1737-1804　103
マインツ　Mainz　9, 16
マインツ大司教　Erzbischof von Mainz　35, 60, 87
マクデブルク　Magdeburg　57, 110
マゼラン　Fernão de Magalhães; 1480-1521　48
『魔笛』 Die Zauberflöte　118
マリア・アマーリア　Maria Amalia von Brandenburg; 1670-1739　109
マリア・ヨーゼファ・フォン・ハプスブルク　Maria Josepha von Österreich; 1699-1757　94
マルガリータ・テレーサ・デ・エスパーニャ　Margarita Teresa de España; 1651-1673　71-72
マンハイム　Mannheim　105, 144, 149-150

『ミス・サラ・サンプソン』 Miss Sara Sampson　135
『ミンナ・フォン・バルンヘルム』 Minna von Barnhelm　137

『名誉と敬虔との結婚，あるいは信仰ゆえに追放された良き人，日本の領主ユスト右近』 Honoris et pietatis connubium sive Justus Ucondonus Japoniae Dynasta, Pius pro Fide exul　83-85
メランヒトン　Philipp Melanchthon; 1497-1560　38

モーツァルト　Wolfgang Amadeus Mozart; 1756-1791　118
モーリッツ・ヴィルヘルム（ザクセン＝ツァイツ公） Moritz Wilhelm von Sachsen-Zeitz; 1664-1718　109

●や行

ユグノー　Huguenot（フランス語）　129
ユダヤ人　Juden　131, 183
『ユダヤ人たち』 Die Juden　132-135
ヨーアヒム二世（ブランデンブルク選帝侯） Joachim II.; 1505-1571　36
ヨーゼフ二世　Joseph II.; 1741-1790　118
ヨーハン・ゲオルク四世（ザクセン選帝侯） Johann Georg IV.; 1668-1694　116
ヨーハン・フィリップ・フォン・グライフェンクラォ　Johann Philipp von Greiffenclau; 1652-1719　86, 87
ヨーハン・フィリップ・フォン・シェーンボルン（マインツ大司教・ヴュルツブルク司教） Johann Philipp von Schönborn; 1673-1724　87

フランクフルト・アン・デア・オーダー　Frankfurt an der Oder　106, 135
フランス革命　Französische Revolution　179-181
ブランデンブルク選帝侯領(辺境伯領)　Markgrafschaft Brandenburg　36
フリーデリケ・カロリーネ・ノイバー（ヴァイセンボルン）　Friederike Caroline Neuber (Weissenborn；Neuberin); 1697-1760　117-118
フリードリヒ　Caspar David Friedrich; 1774-1840　170-173, 178, 188
フリードリヒ二世（大王）（プロイセン王）　Friedrich II./Friedrich der Große; 1712-1786　129, 130, 135, 136-137, 142-143
フリードリヒ三世（賢侯）（ザクセン選帝侯）　Friedrich III./Friedrich der Weise; 1463-1525　38
フリードリヒ三世（ブランデンブルク選帝侯，プロイセン王フリードリヒ一世）　Friedrich III.; 1657-1713　110, 130
フリードリヒ・アウグスト一世（ザクセン選帝侯，ポーランド王アウグスト二世強王）　Friedrich August I./August der Starke; 1670-1733　92-94, 96-97
フリードリヒ・アウグスト二世（ザクセン選帝侯）　Friedrich August II.; 1696-1763　94, 173
フリードリヒ・ヴィルヘルム（大選帝侯）（ブランデンブルク選帝侯）　Friedrich Wilhelm/Großer Kurfürst; 1620-1688　109, 129
フリードリヒ・ヴィルヘルム一世（軍人王/プロイセン王）　Friedrich Wilhelm I./Soldatenkönig; 1688-1740　131
フリードリヒ・ヴィルヘルム二世（プロイセン王）　Friedrich Wilhelm II.; 1744-1797　143
フリードリヒ・ヴィルヘルム三世（プロイセン王）　Friedrich Wilhelm III.; 1770-1840　183, 184, 187
フリードリヒ・ヴィルヘルム四世（プロイセン王）　Friedrich Wilhelm IV.; 1795-1861　185
『フリードリヒの海の風景を前にして感じたこと』　Empfindungen vor Friedrichs Seelandschaft　172
ブルクハルト　Carl Jacob Christoph Burckhardt; 1818-1897　62
ブルナチーニ　Lodovico Ottavio Burnacini; 1636-1707　70, 71-72
ブルネレスキ　Filippo Brunelleschi; 1377-1446　26
ブレーメン　Bremen　14, 17-22, 26
ブレンターノ　Clemens Maria Brentano; 1778-1842　171
フンボルト　Alexander von Humboldt; 1769-1859　165

ベーア　George Bähr; 1666-1738　91
ペッペルマン　Matthäus Daniel Pöppelmann; 1662-1736　96
ベートーヴェン　Ludwig van Beethoven; 1770-1827　1
ペトルス・カニシウス　Petrus Canisius; 1521-1597　49
ベルリン　Berlin　129-130, 136-137, 144, 187-188

Infant von Spanien　56, 157

●な行

ナポレオン・ボナパルト　Napoléon Bonaparte; 1769-1821　182

ニーチェ　Friedrich Nietzsche; 1844-1900　186-187
ニュルンベルク　Nürnberg　16, 28-33
『ニュルンベルクのマイスター・ジンガー』Die Meistersinger von Nürnberg　29, 186
『女官たち』　Las meninas　71
『人間の美的教育に関する一連の書簡』Über die ästhetische Erziehung des Menschen in einer Reihe von Briefen　181-182

ネルトリンゲン　Nördlingen　14

ノイバー一座 Neuber'sche Komödiantengesellschaft　117-118, 124, 125, 128, 137
ノイマン　Balthasar Neumann; 1687-1753　87
ノイミュンスター（ヴュルツブルク）Neumünster　86

●は行

ハインリヒ四世　Heinrich IV.; 1050-1106　9-10
『博物学について』　Dell'Historia Naturale　102
博物館島（ベルリン）　Museumsinsel 187
パッラーディオ　Andrea Palladio; 1508-1580　68
ハレ　Halle　110, 112
バローコ　barroco（ポルトガル語）54
バロック　Barock　62
バロック庭園　Barockgarten　102
ハンザ（ハンザ同盟）　Hanse　17
『判断力批判』　Kritik der Urteilskraft 177
ハンブルク　Hamburg　16, 20, 116, 144-145
ハンブルク企画　Hamburgische Entreprise　145, 148

ピカソ　Pablo Ruiz Picasso; 1881-1973　43
ビーダーマン　Jacob Bidermann; 1578-1939　49-50
ピルクハイマー　Willibald Pirckheimer; 1470-1530　29
ヒルデスハイム　Hildesheim　7, 9

フェリペ二世　Felipe II.; 1528-1598 55
フォルスター，ゲオルク　Georg Forster; 1754-1794　165, 166-168
フォルスター，ヨーハン・ラインホルト　Johann Reinhold Forster; 1729-1798　166
フス　Jan Hus; 1370 頃-1415　37
ブラウンシュヴァイク　Braunschweig　27, 115, 149
プラハ　Prag　38
フランクフルト・アム・マイン Frankfurt am Main　5, 138

崇高　Das Erhabene　177
スパーダ宮（ローマ）　Palazzo Spada　68

聖イグナシオ教会（ローマ）　Chiesa di Sant'Ignazio di Loyola　65-67
聖ペトリ教会（大聖堂，ブレーメン）　Sankt Petri Dom　19
聖母教会（ドレスデン）　Frauenkirche　91
『世界周航記』　Reise um die Welt　166
『善悪の彼岸』　Jenseits von Gut und Böse　186-187

ゾフィー・エレオノーレ・フォン・ザクセン　Sophie Eleonore von Sachsen; 1609-1971　114

●た行

ダールベルク　Wolfgang Heribert von Dalberg; 1750-1806　150
大学　Universität　39, 49, 108
『タウリス島のイフィゲーニエ』　Iphigenie auf Tauris　175
高山右近　1552-1615　82
『ダフネ』　Dafne　114
ダンケルマン　Eberhard von Danckelmann; 1643-1722　112

チェスティ　Pietro Antonio Cesti; 1623-1669　79

ツヴィンガー宮殿　Zwinger　96-99

ティエーポロ　Giambattista Tiepolo; 1696-1770　89
帝国教会政策　Ottonisch-salisches Reichskirchensystem　9, 16, 35
帝国都市　Reichsstadt　14
ティッシュバイン　Johann Tischbein; 1751-1829　175
『鉄の手を持つゲッツ・フォン・ベルリッヒンゲン』　Götz von Berlichingen mit der eisernen Hand　137, 139-143, 149
デッベリーン　Karl Theophil Döbbelin; 1727-1793　144
デューラー　Albrecht Dürer; 1471-1528　28

ドイツ語　Die deutsche Sprache bzw. Deutsch　110, 114
ドイツ帝国　Deutsches Kaiserreich　189
『ドイツの建築芸術について』　Von deutscher Baukunst　176-177
『ドイツ文学について』　De la Littérature allemande　143
ドイツ民族劇場（文化としての）　Nationaltheater　144, 145, 149, 151, 162
ドイツ民族劇場（ベルリン，旧フランス劇場）　das Deutsche Nationaltheater　144, 187
飛び控え（フライング・バットレス）　Strebebogen　12
トマージウス　Christian Thomasius; 1655-1728　106, 109-112
トリーア　Trier　6
ドレスデン　Dresden　38, 60, 90, 116
『ドン・カルロス』　Don Karlos,

●さ行

ザクセン選帝侯領　Kurfürstentum Sachsen　38
ザックス　Hans Sachs; 1494-1576　29-33, 186
サビエル　Francisco de Xavier; 1506-1552　46-47
サリエーリ　Antonio Salieri; 1750-1825　118
「三一致」の法則　Die drei Einheiten　119
ザンクト・アフラ　Sankt Afra zu Meißen　124
ザンクト・ミヒャエル修道院（ヒルデスハイム）　Sankt Michael zu Hildesheim　7
三十年戦争　Dreissigjähriger Krieg　18, 56, 75, 87
サンタ・マリア・ノヴェッラ教会（フィレンツェ）　Basilica di Santa Maria Novella　25-26
サンタンドレア教会（マントヴァ）　Basilica di Sant'Andrea　26
サン・ピエトロ大聖堂　Basilica di San Pietro in Vaticano　35, 63

『シェイクスピアの影』　Shakespears Schatten　158-159
シェーンブルン宮殿　Schloss Schönbrunn　103
『死せるカトー』　Sterbender Cato　119, 120-123
ジビュッレ・フォン・クレーフェ　Sibylle von Jülich-Kleve-Berg; 1512-1554　42
市民悲劇　Bürgerliches Trauerspiel　135, 147-148
ジャコモ・デッラ・ポルタ　Giacomo della Porta; 1537-1602　63
謝肉祭　Fastnacht, Fasching　30, 33
ジャンダルメン市場（ベルリン）　Gendarmenmarkt　130, 131, 143, 187
シュヴェービッシュ・ハル　Schwäbisch Hall　60
自由都市　Freie Stadt　14
自由七科　Sieben freie Künste　37
シュッツ　Heinrich Schütz; 1585-1672　114
シュトゥルンク　Nicolaus Adam Strungk; 1640-1700　116
シュトラースブルク（ストラスブール）Strassburg　139, 176, 178
シュパイアー　Speyer　9, 10, 16
シュマルカルデン戦争　Schmalkaldischer Krieg　39, 40
シュムメトリア　symmetria（ギリシャ語）　24
『植物図録』　Pinax theatri botanica　103
シラー　Johann Christoph Friedrich von Schiller; 1759-1805　1, 3, 39, 56, 57, 149, 151, 156-158, 160, 163, 181-182, 190-191
ジングシュピール　Singspiel　114, 115, 117
シンケル　Karl Friedrich Schinkel; 1781-1841　184, 187-188
新古典主義　Neoklassizismus　187
紳士の旅（グランド・ツアー）　Kavalierstour　92, 102, 174
人文主義　Humanismus　23, 34, 38, 44

『歓喜に寄せる』 An die Freude 1, 157, 191
カント Immanuel Kant; 1724-1804 2, 112, 177

擬古典主義→ワイマール古典主義
騎士学校→リッター・アカデミー
キューゼル Mattäus Küsel; 1629-1681 79
驚嘆陳列室（ヴンダーカンマー） Wunderkammer 100-102

クアドラトゥーラ quadratura 66-70, 104
寓意（アレゴリー） Allegorie 41
クヴィストルプ Johann Gottfried Quistorp; 1755-1835 170
クッサー Johann Sigismund Kusser; 1660-1727 115
クライスト Heinrich von Kleist; 1777-1811 172
グライフスヴァルト Greifswald 170
グラウン Carl Heinrich Graun; 1704/1705-1759 136
クラーナハ（父） Lucas Cranach der Ältere; 1472-1553 39-44
グランド・ツアー→紳士の旅
『クレオパトラ』 Cleopatra 115
『群盗』 Die Räuber 149-150, 151-156

芸術品展示室（クンストカンマー） Kunstkammer 98, 99, 104
啓蒙主義 Aufklärung 106
『啓蒙とは何か』 Was ist Aufklärung? 112
ゲオルク二世（ヘッセン・ダルムシュタット方伯） Georg II.; 1605-1659 114
ゲーテ Johann Wolfgang von Goethe; 1749-1832 39, 43, 137-139, 157-158, 160, 175, 176-178, 180
ケーニヒスベルク Königsberg 2
『ケノドクス』 Cenodoxus 50-54
ケラリウス Christophorus Cellarius=Christoph Martin Keller；1638-1707 5
ゲルハルト二世（ブレーメン大司教） Gerhard II.; 1190-1258 19, 20
ケルン Köln 6, 39, 185
ケルン大聖堂 Kölner Dom 11, 185-186
『賢者ナータン』 Nathan der Weise 130

『後宮からの誘拐』 Die Entführung aus dem Serail 118
交差リブ・ヴォールト Kreuzrippen 12
ゴシック Gotik 11, 13, 173, 177-178
ゴシック・リヴァイヴァル Neugotik 11, 173, 176, 178, 185, 186
コッツェブー August von Kotzebue; 1761-1819 158
ゴットシェート Johann Christoph Gottsched; 1700-1766 118-123, 125, 139, 163
コッホ Heinrich Gottfried Koch; 1703-1775 137

代』Wilhelm Meisters Lehrjahre 137
ウィーン　Wien　6, 39, 60, 70, 113, 128, 144
ヴィンケルマン　Johann Joachim Winckelmann; 1717-1768　173
ヴェッティン家　Haus Wettin　38
ヴェルフェン家　Haus Welfen　114
ヴォルムス　Wolms　9, 16, 36
ヴォルムス協約　Wormser Konkordat　9
『海の日の出』　Mondaufgang am Meer　185
『海辺の修道僧』　Der Mönch am Meer　170-172
ヴュルツブルク　Würzburg　60, 86
ヴュルツブルク宮殿　Würzburger Residenz　87, 88-90, 103
『雲海の上の旅人』　Der Wanderer über dem Nebelmeer　178

『エミーリア・ガロッティ』　Emilia Galotti　149
エリザベト・ド・ヴァロア　Élisabath de Valois; 1545-1568　55-56
『煙突掃除人』　Der Rauchfangkehrer 118

『黄金の林檎』　Il pomo d'oro　70, 79-82
王立宮廷オペラ座（ベルリン）Königliche Oper　136
『オクターヴィア』　Octavia　115
オーピッツ　Martin Opitz; 1597-1639 114
オペラ　Oper　70, 113-114, 116
オランジェリー　Orangerie　97

●か行

『絵画と建築の遠近法』　Perspectiva pictorum et architectorum=Prospettiva de pittori e architetti　67-69
『絵画と彫刻芸術におけるギリシア作品の模倣についての考察』Gedanken über die Nachahmung der Griechischen Werke in der Malerei und Bildhauerkunst　173
『カエサルとクレオパトラ』　Cesare e Cleopatra　136
『樫の森の修道院』　Abtei im Eichwald 171, 178
『風と水との戦い』　La Contesa dell'Aria e dell' Acqua　76-79
カノッサの屈辱　Gang nach Kanossa 10, 35
カール五世　Karl V.; 1500-1558　37, 40
カール・アウグスト（ワイマール公）Karl August von Sachsen-Weimar-Eisenach; 1757-1826　139, 157
カール・オイゲン（ヴュルテンベルク公）Karl Eugen; 1728-1793　151
カール大帝　Karl der Große; 747?-814　9, 21
カール・テオドール（プファルツ選帝侯［ライン宮中伯］兼バイエルン選帝侯）　Karl Theodor; 1724-1799 150
カール・フィリップ・フォン・グライフェンクラォ　Karl Philipp von Greifenclau; 1690-1754　89, 103
カール・フィリップ（プファルツ選帝侯）Karl III. Philipp; 1661-1742 105, 150

索　引

※絵画作品・戯曲・文学作品の名称は『 』でくくった。
※人名は基本的にラストネームで掲載し、そのあとにさらに名前全体の原綴りを続けた。ただし、名前の方が有名であるもの（ナポレオンなど）、通常名前のみで区別する場合が多いもの（フリードリヒ二世などの君主名）、中世の名字というよりは出身地を表すもの（ロヨラなど）は名前によって索引にとった。
※原綴は原則としてドイツ語で掲載し、一部別言語については何語であるかの注記を入れた。ただし、建築物・各作品についてはあえてこの注記はいれていない。

●あ行

アウグスト一世（強王）→フリードリヒ・アウグスト一世
アダム・フリードリヒ・フォン・ザインスハイム　Adam Friedrich von Seinsheim; 1708-1779　103
アルニム　Achim von Arnim; 1781-1831　171
アルブレヒト・フォン・ブランデンブルク（マインツ大司教）　Albrecht von Brandenburg; 1490-1545　35, 41
アルベルティ　Leon Battista Alberti; 1404-1472　26, 63
アントーン・ウルリヒ（ブラウンシュヴァイク＝ヴォルフェンビュッテル公）　Anton Ulrich; 1633-1714　114
アンナ・アマーリア（ワイマール公妃）　Anna Amalia von Braunschweig-Wolfenbüttel; 1739-1807　157

イエズス会　Societa Iesu（ラテン語）　44-50, 54, 65, 70, 82, 104
イエズス会教会（ローマ）　Chiesa del Gesù　63-65
イエズス会教会（ウィーン）　Jesuitenkirche　69, 70
イェーナ　Jena　39
イグナシオ・デ・ロヨラ　Ignacio de Loyola; 1491-1556　44, 65, 66
イフラント　August Wilhelm Iffland; 1759-1818　158
インゴールシュタット　Ingolstadt　49, 50
インペラート　Ferrante Imperato; 1550-1625　102

ヴァーグナー（＝ワーグナー）　Richard Wagner; 1813-1883　186
ヴァザーリ　Giorgio Vasari; 1511-1574　13, 177
ヴァレンシュタイン　Albrecht Wenzel Eusebius von Wallenstein; 1583-1634　58
『ヴァレンシュタイン』三部作　Wallenstein　57-59, 158, 160-162
ヴィッテンベルク　Wittenberg　38, 40
ウィトルーウィウス　Marcus Vitruvius Pollio; 前 80 頃-前 15 頃　23, 62
『ヴィルヘルム・マイスターの修業時

坂本貴志（さかもと・たかし）
1969年生まれ．東京大学大学院修了．博士（文学）．山口大学講師，准教授を経て，現在，立教大学文学部教授．専門はドイツ文学，特にシラーとゲーテを中心とする文学と哲学，バロックからロマン主義期にかけての〈世界知〉の展開．著書に『秘教的伝統とドイツ近代――ヘルメス，オルフェウス，ピュタゴラスの文化史的変奏』，『〈世界知〉の劇場――キルヒャーからゲーテまで』など．

ドイツ文化読本

令和6年2月25日　発　行

著作者　坂　本　貴　志

発行者　池　田　和　博

発行所　丸善出版株式会社
〒101-0051 東京都千代田区神田神保町二丁目17番
編 集：電話(03)3512-3264／FAX(03)3512-3272
営 業：電話(03)3512-3256／FAX(03)3512-3270
https://www.maruzen-publishing.co.jp

組版印刷・中央印刷株式会社／製本・株式会社 松岳社

ISBN 978-4-621-30874-5　C 0022　Printed in Japan